멘사퍼즐 로직게임

THE MENSA PUZZLE BOOK

MENSA®

멘사퍼즐 로직게임

PUZZLE

브리티시 멘사 지음

보누스

내 안에 잠든 천재성을 깨워라

높은 지능지수를 가진 사람들을 위한 최초의 조직인 멘사는 수십 년 동안 전 세계에서 가장 똑똑한 사람들을 모아왔다. 멘사 회원의 유일한 자격 요건은 표준 IQ 테스트에서 상위 2% 이상의 점수를 받는 것이다. 멘사(Mensa)라는 이름에는 평등주의를 지향하는 정신이 담겨 있다. 멘사는 라틴어로 '원형 탁자'를 의미하며, 나이, 성별, 인종, 지위에 상관없이 모두가 동등한 위치에 있음을 뜻한다. 물론 멘사는 실제로도 모든 면에서 비정치적이고, 비종교적이며, 비차별적이다.

현재 전 세계에는 14만여 명의 멘사 회원들이 있다. 50개 이상의 나라에 멘사 지부가 설립되어 있고, 국제멘사는 지구 전체를 덮고 있는 우산 역할을 한다. 회원국이 없는 유일한 대륙은 남극뿐이다. 브리티시 멘사에 가입한 최연소 회원은 영국의 엘리스 탄로베르츠(Elise Tan-Roberts)로, 불과 2년 4개월의 나이로 멘사 회원(Mensan)이 되었다. 최연장자는 103세다. 그는 90대가 되어서야 멘사에 합류했다.

멘사 회원은 학교에서 높은 성과를 거두지 못한 사람들부터 다수의 박사 학위를 가진 교수에 이르기까지 다양하다. 프로그래머, 트럭 운전사, 예술가, 농부, 군인, 음악가, 소방수, 모델, 과학자, 건설업자, 작가, 어부, 회계사, 권투 선수, 경찰까지 모든 직종에 멘사 회원이 존재한다. 직업은

아무런 문제가 되지 않는다.

멘사는 지능이 무엇인지, 지능을 어떻게 육성할 것인지, 나아가 지능을 어떻게 활용할 수 있는지에 관한 방법을 연구한다. 비영리 단체로서 재능 있는 아이들을 위한 수많은 프로그램을 통해 읽고 쓰는 능력을 높이고, 교육에 접근성을 높이는 일에도 참여하고 있다. 멘사 재단은 정기적으로 과학 학술지를 발간한다.

멘사는 회원들을 위해 국내외를 넘나드는 많은 행사를 개최한다. 공식적인 파티부터 다양한 강연, 관광, 식사 모임, 영화의 밤, 극장 또는 게임에 이르기까지 전 세계의 크고 작은 도시에서 정기적으로 수많은 지역 회의가 열린다. 몇몇 대도시에서는 상시 행사가 있다. 각 나라의 멘사 단체들은 워크숍, 세미나, 댄스 파티, 게임, 어린이 행사 등 화려한 연례 모임은 물론 나라 전체 규모의 모임을 주선한다. 브리티시 멘사의 〈멘사 매거진〉과 아메리칸 멘사의 〈멘사 불러틴〉과 같은 월간 멘사 회원 잡지를 발행하기도 한다.

멘사 내부에는 같은 관심사를 지닌 회원들끼리의 동호회인 시그(SIG. Special Interest Group)가 있다. 일상적인 것에서부터 아직 밝혀진 바 없는 미지의 것에 이르기까지, 상상할 수 있는 모든 종류의 주제를 다룬다. 시그는 정기적으로 잡지를 발행하거나 회의를 조직하고, 토론거리를 제공한다. 만일 당신의 관심사와 일치하는 시그를 찾을 수 없다면, 언제든 직접 만들 수도 있다.

멘사는 세계적 규모의 친목 단체로서 당신이 원하는 만큼 삶의 일부분이 될 수 있다. 어떤 회원에게 이 조직은 친구들로 가득 찬 가족이다. 멘사 회원끼리 결혼도 이루어지고 있다. 어떤 회원에게는 단지 약간의 관심만 있는 단체일지도 모른다. 멘사에 어떤 방식으로 참여하든 괜찮다. 우린 모두 평등하다. 이 '평등'의 정신을 꼭 기억하길 바란다.

멘사는 모든 회원이 두뇌를 적극적으로 활용하도록 권장한다. 두뇌 트레이닝은 단지 재미만 주는 것이 아니라, 정신을 건강하게 유지하는 데 도움이 된다. 우리는 지난 10년간의 연구로 규칙적인 퍼즐 해결과 사회적 상호작용이 알츠하이머병을 예방하는 데 큰 도움을 준다는 것을 확실하게 밝혀냈다. 인간의 두뇌는 우리가 일생 동안 뇌를 사용하는 방식, 즉 신경성이라고 불리는 원리에 반응한다. 따라서 두뇌를 활용해 어떤 문제에 도전할수록 우리의 능력은 점점 강해질 것이다.

퍼즐을 풀고 까다로운 질문에 대답하는 것은 인간의 가장 기본적인 본능이다. 전 세계의 모든 문화에서 퍼즐, 게임, 수수께끼들을 찾아낼 수 있는데, 그때마다 고고학적·역사적으로 의미 있는 유산도 얻을 수 있다.

멘사에서는 사람이 가장 중요하다. 멘사 회원들은 멘사에 원하는 것을 마음껏 가져갈 수 있고 원하지 않는 것을 무시할 권리가 있다. 멘사를 위해 당신이 존재하는 것이 아니다. 멘사는 전적으로 당신을 위해 존재한다.

《멘사퍼즐 로직게임》에서 퍼즐의 세계를 제대로 맛볼 수 있는 수백 가지의 퍼즐을 만나보자! 간단한 과정만으로 답이 나오는 퍼즐도 있지만, 다른 퍼즐들 대부분은 해답에 도달하려면 다양한 방법을 동원한 논리적 사고 과정을 거쳐야 한다.

책 속에는 브리티시 멘사의 퍼즐 전문가가 정교하게 제작한 퍼즐들이 가득하다. 퍼즐은 주로 논리적·수학적 사고력을 통해 해결할 수 있으며, 여러분의 종합적인 문제해결력을 시험하는 기회를 제공한다. 퍼즐을 풀면서 당신은 어떤 유형은 쉽지만 어떤 유형은 특히 어렵다고 느낄 것이다. 우리 모두는 각자 뛰어난 능력과 분야가 다르므로 이를 느끼는 영역도 사람마다 완전히 다르다. 두뇌의 강점과 약점을 파악하는 동시에 강점은 살리고 약점은 보완하는 두뇌 트레이닝의 기회가 될 것이다.

그러나 한 가지 명심할 점은, 이 책은 가혹한 시험이 아니라는 것이다. 퍼즐은 두뇌 트레이닝인 동시에 두뇌 유희다. 난해한 과제를 해결하며 지금껏 경험하지 못한 커다란 희열을 만끽해 보자. 펜과 종이를 무기 삼아 퍼즐이라는 모험에 나서는 것이다!

브리티시 멘사

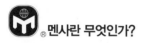

멘사란 무엇인가?

멘사란 '탁자'를 뜻하는 라틴어로, 지능지수 상위 2% 이내(IQ 148 이상)의 사람만 가입할 수 있는 천재들의 모임이다. 1946년 영국에서 창설되어 현재 100여 개국 이상에 14만여 명의 회원이 있다. 멘사의 목적은 다음과 같다.

- 첫째, 인류의 이익을 위해 인간의 지능을 탐구하고 배양한다.
- 둘째, 지능의 본질과 특징, 활용처 연구에 힘쓴다.
- 셋째, 회원들에게 지적·사회적으로 자극이 될 만한 환경을 마련한다.

IQ 점수가 전체 인구의 상위 2%에 해당하는 사람은 누구든 멘사 회원이 될 수 있다. 우리가 찾고 있는 '50명 가운데 한 명'이 혹시 당신은 아닌지?

멘사 회원이 되면 다음과 같은 혜택을 누릴 수 있다.

- 국내외의 네트워크 활동과 친목 활동
- 예술에서 동물학에 이르는 각종 취미 모임
- 매달 발행되는 회원용 잡지와 해당 지역의 소식지
- 게임 경시대회, 친목 도모 등을 위한 지역 모임
- 주말마다 열리는 국내외 모임과 회의
- 지적 자극에 도움이 되는 각종 강의와 세미나
- 여행객을 위한 세계적인 네트워크인 'SIGHT' 이용 가능

차 례

일러두기

- 각 문제 아래에 있는 쪽번호 옆에 해결 여부를 표시할 수 있는 칸이 있습니다. 이 칸을 채운 문제가 늘어날수록 지적 쾌감도 커질 테니 꼭 활용해 보시기 바랍니다.
- 이 책에서 '직선'은 '두 점 사이를 가장 짧게 연결한 선'이라는 사전적 정의로 사용되었습니다.
- 이 책의 해답란에 실린 해법 외에도 답을 구하는 다양한 방법이 있음을 밝힙니다.

MENSA PUZZLE

문 제

마름모 칸으로 이루어진 도형이 있다. 이 도형을 칸 속에 있는 다섯 가지 그림이 하나씩만 들어가도록 똑같은 모양의 조각 4개로 나눠보자. 도형을 어떻게 나눌 수 있을까?

002

빈칸에 부호를 넣어 수식을 완성해야 한다. 빈칸에 들어갈 알맞은 부호
는 보기 A~F 중 어느 것일까?

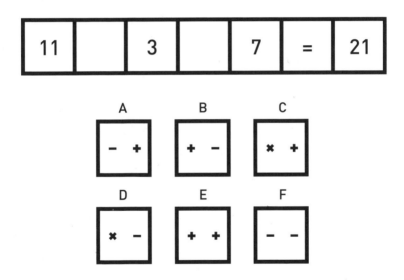

직선 3개를 그어 각각 시계 1개, 토끼 2마리, 번개 3개가 들어가는 조각 6개를 만들어야 한다. 선을 어떻게 그어야 할까?

원으로 이루어진 바퀴 A, B가 있다. 원 안에 적힌 숫자들 사이에는 일정한 규칙이 있다. 바퀴 A와 B의 가운데 물음표 자리에 들어갈 숫자는 각각 무엇일까?

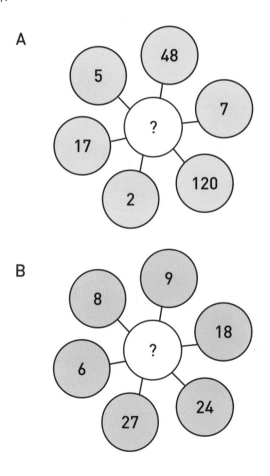

벽돌로 만든 벽 일부가 부서져 있다. 다시 완전한 벽을 세우려면 벽돌 몇
개를 채워야 할까?

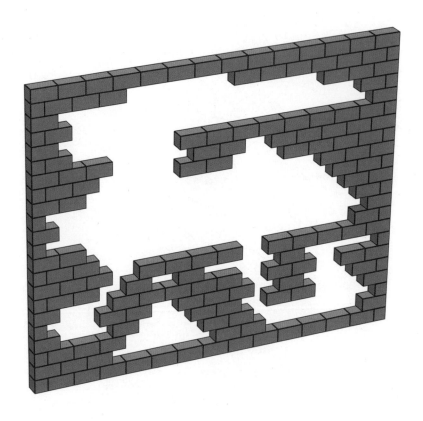

독특한 금고가 있다. 금고를 열려면 마지막에 한가운데의 'F' 버튼을 눌러야 한다. 그 전에, 모든 버튼을 올바른 순서로 한 번씩 눌러야 한다. 버튼을 누르면 그 버튼이 가리키는 지시사항에 따라 다음 버튼을 누른다. 버튼에 적힌 숫자는 그 버튼을 기준으로 몇 칸 떨어져 있는지를, 알파벳은 방향(UP&DOWN, LEFT&RIGHT)의 첫 글자를 나타낸다. 예를 들어 3R 버튼을 누르면 그다음에는 오른쪽으로 세 칸 떨어져 있는 버튼을 눌러야 한다는 의미다. 칸 바깥의 숫자와 알파벳은 칸의 위치(좌표)를 나타낸다. 금고를 열기 위해 첫 번째로 눌러야 하는 버튼의 위치는 보기 A~F 중 어느 것일까?

	A	B	C	D	E
1	3R	4D	2L	2L	2D
2	3R	3R	3D	2L	2D
3	1R	1D	F	3L	2L
4	2U	1L	3U	1U	2L
5	4R	1L	1R	1U	4U

5D	3C	1A	4E	1B	2C
A	B	C	D	E	F

세 도형이 일정한 규칙에 따라 배치되어 있다. 도형이 진행되는 규칙을 찾아보자. 다음 순서에 올 알맞은 도형은 보기 A~E 중 어느 것일까?

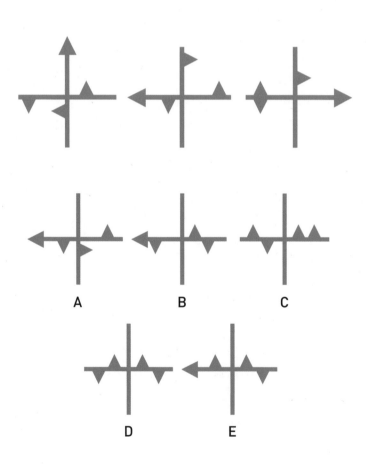

연결점을 움직일 수 있도록 만들어진 다음과 같은 구조가 있다. 점 A와 B를 같은 방향으로 동시에 움직이면, 점 C와 D는 같이 움직일까, 아니면 따로 움직일까?

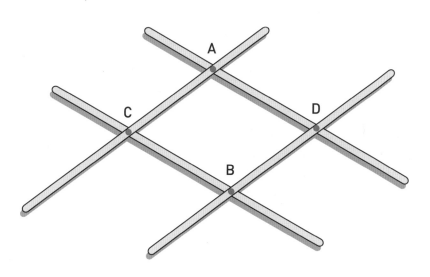

다음 전개도로 만들 수 없는 정육면체는 보기 A~F 중 어느 것일까?

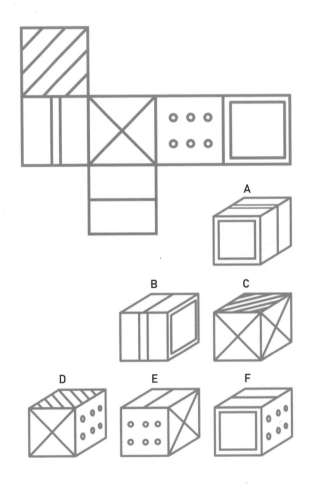

금고를 열려면 마지막에 한가운데의 'OPEN' 버튼을 눌러야 한다. 그 전에 모든 버튼을 올바른 순서로 한 번씩 눌러야 한다. 버튼을 누르면 그 버튼이 가리키는 지시사항에 따라 다음 버튼을 누른다. 버튼에 적힌 숫자는 그 버튼을 기준으로 몇 칸 떨어져 있는지를, 알파벳은 방향(UP&DOWN, LEFT&RIGHT)의 첫 글자를 나타낸다. 예를 들어 3R 버튼을 누르면 그다음에는 오른쪽으로 세 칸 떨어져 있는 버튼을 눌러야 한다는 의미다. 금고를 열기 위해 첫 번째로 눌러야 하는 버튼은 무엇일까?

같은 가로줄에 있는 알파벳과 숫자 사이에는 일정한 관계가 있다. 물음표 자리에 들어갈 숫자는 보기 A~F 중 어느 것일까?

G	7
M	13
U	21
J	10
W	?

14	23	9
A	B	C

26	2	11
D	E	F

다음 도형들 중 2개는 나머지와 다르다. 다른 도형은 보기 A~E 중 어느 것일까?

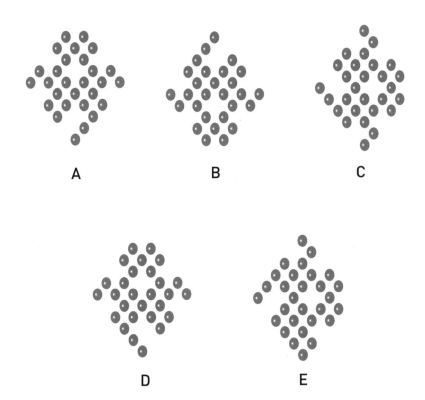

A

B

C

D

E

도형이 일정한 규칙에 따라 순서대로 나열되어 있다. 물음표 자리에 들어갈 도형은 보기 A~F 중 어느 것일까?

도형이 일정한 규칙에 따라 순서대로 나열되어 있다. 다음 순서에 나올
도형은 보기 A~E 중 어느 것일까?

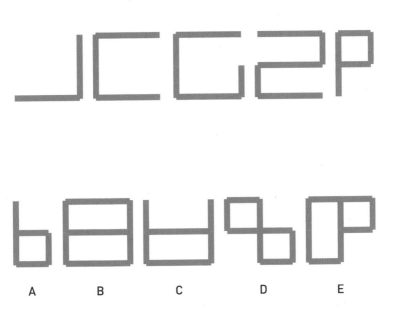

다음 도형에서 빠진 곳에 들어갈 조각은 보기 A~E 중 어느 것일까?

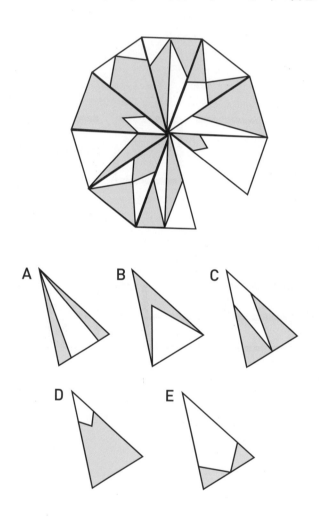

복잡한 미로가 있다. 미로의 여러 교차점 중 같은 높이에서 교차하는 지점 8곳은 모두 어디일까?

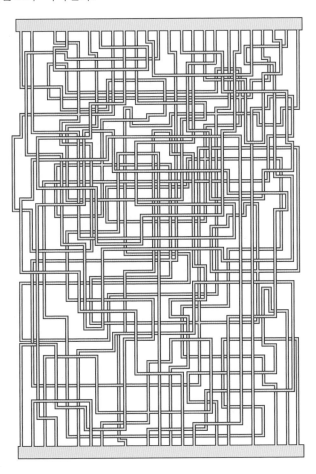

017

교실에 남학생 5명과 여학생 5명이 서로 마주 보고 앉아 있다. 다음 단서를 참고해 보자. 좌석 1~10번에는 각각 누가 앉아야 할까?

단서

1. 1번 좌석 맞은편 옆에는 피오나가 앉는다.

2. 피오나와 그레이스는 세 좌석 떨어져 앉는다.

3. 힐러리와 콜린은 마주 보고 앉는다.

4. 에디는 힐러리 옆에 앉은 여학생과 마주 보고 앉는다.

5. 콜린이 가운데 앉지 않는다면, 앨런이 가운데 앉는다.

6. 빌 옆에는 데이비드가 앉는다.

7. 빌과 콜린은 세 좌석 떨어져 앉는다.

8. 피오나가 가운데 앉지 않는다면, 인디라가 가운데 앉는다.

9. 힐러라와 제인은 세 좌석 떨어져 앉는다.

10. 데이비드와 그레이스는 마주 보고 앉는다.

11. 앨런이 앉은 좌석 맞은편 옆에는 제인이 앉는다.

12. 콜린은 5번 좌석에는 앉지 않는다.

13. 제인은 10번 좌석에는 앉지 않는다.

맨 위 칸에서 맨 아래 칸까지 이동해야 한다. 이때 지나는 모든 칸의 숫자를 더한 값은 353이 되어야 하며, 현재 위치보다 더 아래에 있는 인접한 칸으로만 이동할 수 있다. 조건을 모두 만족하려면 경로를 어떻게 지나야 할까?

19		23		16		14		12		45		19
	32		56		19		22		20		35	
23		13		18		25		13		8		23
	2		20		2		7		8		42	
7		7		8		9		8		26		7
	8		20		13		13		13		14	
18		14		25		23		25		25		18
	9		22		23		9		2		21	
20		2		7		13		14		7		20
	25		13		9		18		9		19	
7		20		22		2		7		13		7
	7		23		20		9		20		9	
21		21		22		1		2		2		21
	1		14		9		22		21		1	
13		2		20		13		14		22		13
	22		25		8		21		20		14	

아래 도형을 모두 붙여 하나로 만들면 어떤 숫자가 나타난다. 그 숫자는
보기 A~F 중 어느 것일까?

2	5	7	6	4	9
A	B	C	D	E	F

다음 그림에서 정육각형은 모두 몇 개일까?

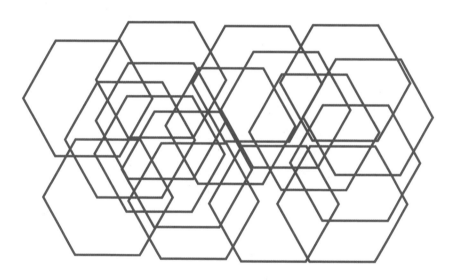

아래 빈칸을 채워 영국과 미국에 있는 같은 이름의 도시를 찾아야 한다. 빈칸 위아래에는 힌트가 적혀 있다. 힌트는 빈칸 위 표에 따라 들어갈 알파벳의 위치를 나타낸다. 예를 들어 1A는 S를 의미한다. 각 빈칸에 적힌 두 힌트 중 하나는 틀린 힌트이고, 하나는 올바른 힌트다. 올바른 힌트만을 골라 빈칸을 채워보자. 이 도시는 어디일까?

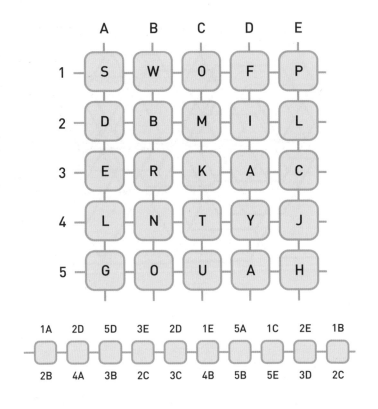

답:219쪽

네 원을 합쳐 새로운 원 하나를 만들어야 한다. 이때 겹치지 않는 모양과 두 번 겹치는 모양은 그대로 반영되고, 한 번 겹치는 모양은 50% 확률로 반영되고, 세 번 겹치는 모양은 반영되지 않는다. 물음표 자리에 들어갈 알맞은 원은 보기 A~E 중 어느 것일까?

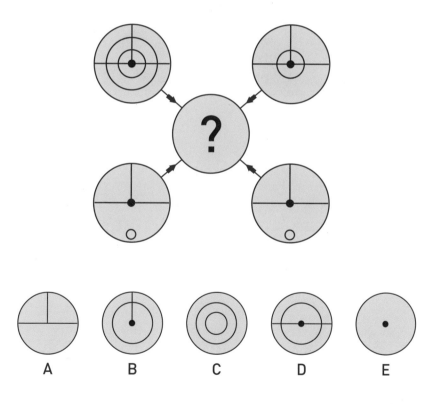

다음 정사면체를 펼친 전개도로 알맞은 것은 보기 A~F 중 어느 것일까?

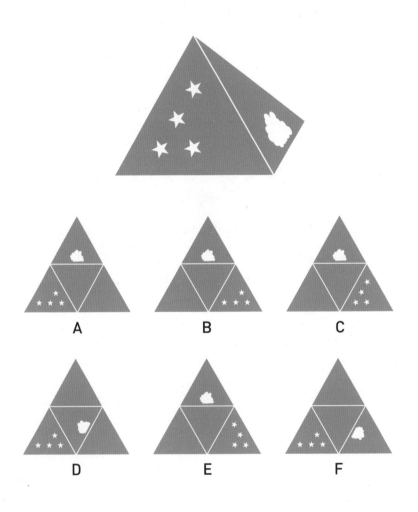

숫자가 일정한 규칙에 따라 배치되어 있다. 빈칸에 들어갈 블록은 보기 A~F 중 어느 것일까?

3	2	3	3	
2	2	3	2	
3	3	2	3	2
3	2	3	2	2
2	2	2	2	3

1 4	3 1	2 3	2 2	3 2	3 4
A	B	C	D	E	F

025

하루가 16시간인 행성이 있다. 아래는 그 행성에서 쓰는 시계로 1시간은 64분, 1분은 64초다. 지금 시계는 7시 3/4 지점을 가리키고 있다. 현재 시간 이후로 시침과 분침이 만나는 가장 가까운 시간은 언제일까?

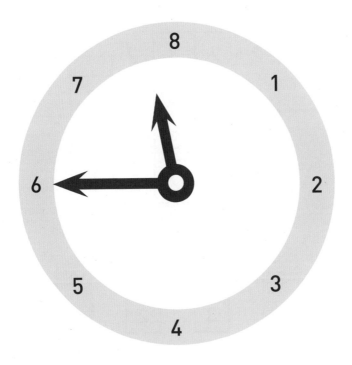

각 도형에 있는 숫자들 사이에는 일정한 규칙이 있다. 물음표 자리에 들어갈 숫자는 무엇일까?

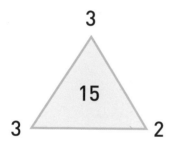

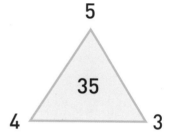

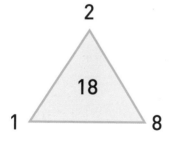

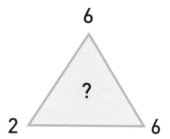

한 공중전화 수리 기사가 처음 일을 시작하게 되었다. 그가 담당하는 전화 부스는 총 15개이다. 원래 점검을 담당했던 전임자가 말했다. "1~8번 중 5개 부스는 수리가 필요해요. 지금은 시간이 늦었으니, 이 중 1개만 지금 수리하러 가시죠."

　수리 기사는 말이 끝나자마자, 어떤 부스가 고장인지 듣기도 전에 곧바로 8번 부스로 향했다. 그는 어떻게 8번 부스가 고장났다는 사실을 알았을까?

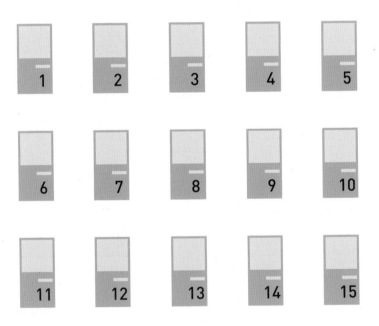

국립공원에 여러 동물이 자신의 영역을 지키고 있다. 관리소장은 최근 뱀이 걸리는 바이러스가 번지고 있다는 소식을 듣고는, 국립공원에 서식하는 뱀들을 가능한 한 많이 센터로 데려와 백신을 맞히려고 한다. 단, 이동할 때 다른 동물들과 인접한 칸은 모두 지날 수 없다. 맨 위에 있는 초록색 칸에서 시작해 FINISH에 도착하면 된다. 어떤 경로로 이동해야 뱀을 가장 많이 데려올 수 있을까?

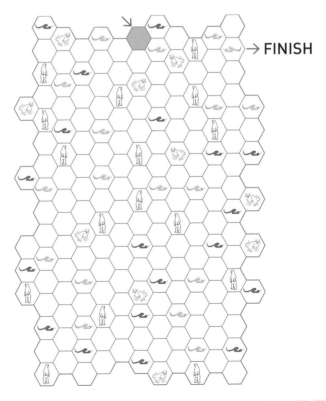

가장 바깥쪽에 있는 숫자 2가 적힌 칸에서 시작해 길을 따라 숫자를 4개 더 지날 때까지 이동한다. 이동하면서 지나는 5개 숫자를 모두 더해 28이 되는 경로가 딱 하나 있다. 이 조건을 만족하려면 빈칸에 들어가야 할 숫자는 보기 A~F 중 어느 것일까?

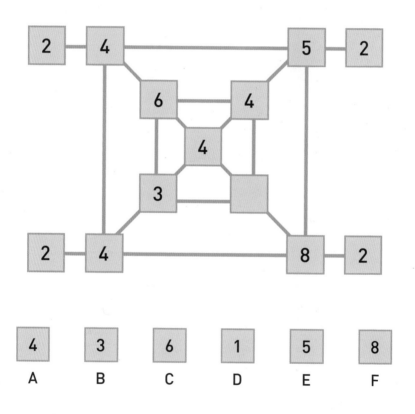

K 카드 4개를 현재의 배치 형태 그대로 순서만 바꿔 배열하는 방법은 모두 몇 가지일까?

주어진 숫자 블록을 모두 사용해 정사각형을 만들어야 한다. 이때 각 가로줄과 세로줄에 들어갈 숫자는 서로 같아야 한다. 예를 들어 첫 번째 가로줄의 숫자가 1-2-3-4-5라면 첫 번째 세로줄의 숫자도 1-2-3-4-5여야 한다. 숫자 블록은 뒤집거나 회전할 수 없으며 지금 놓인 모양 그대로 사용해야 한다. 숫자 블록을 어떻게 배치해야 할까?

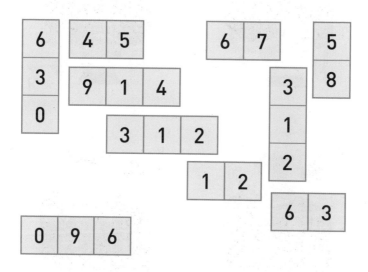

도형이 일정한 규칙에 따라 나열되어 있다. 다음에 이어질 도형은 보기 A~D 중 어느 것일까?

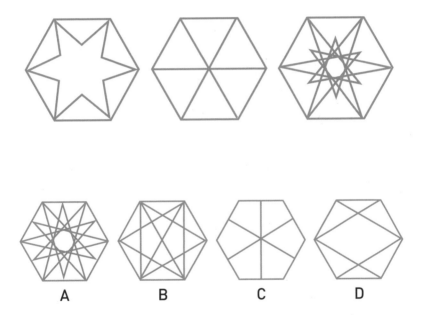

다음 정사면체를 펼친 전개도로 알맞은 것은 보기 A~F 중 어느 것일까?

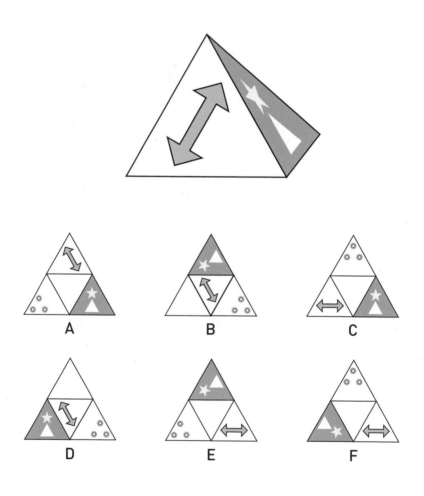

금고를 열려면 마지막에 'OPEN' 버튼을 눌러야 한다. 그 전에 모든 버튼을 올바른 순서로 한 번씩 눌러야 한다. 버튼을 누르면 그 버튼이 가리키는 지시사항에 따라 다음 버튼을 누른다. 버튼에 적힌 숫자는 그 버튼을 기준으로 몇 칸 떨어져 있는지를, 알파벳은 방향(UP&DOWN, LEFT&RIGHT)의 첫 글자를 나타낸다. 예를 들어 3R 버튼을 누르면 그다음에는 오른쪽으로 세 칸 떨어져 있는 버튼을 눌러야 한다는 의미다. 금고를 열기 위해 첫 번째로 눌러야 하는 버튼은 무엇일까?

4R	4D	3D	3L	4D
2D	1D	1U	1L	1D
3R	2U	2L	2D	2L
4R	2U	1L	2U	2U
3U	1R	2L	4U	OPEN

다음 그림 중 2개만 나머지와 다르며 서로 똑같은 짝을 이루고 있다. 두 그림은 보기 A~J 중 무엇일까?

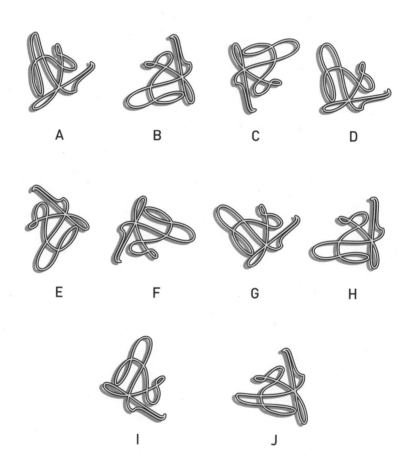

A   B   C   D

E   F   G   H

I   J

무작위로 배열된 알파벳 속에 스포츠 종목 이름이 숨어 있다. 스포츠 종목 세 가지는 각각 무엇일까?

O O A E C R N
T   K
K   A
H   N
S E Y I T E

037

각 칸에 배치된 숫자들 사이에는 일정한 관계가 있다. 물음표 자리에 들어갈 숫자는 보기 A~F 중 어느 것일까?

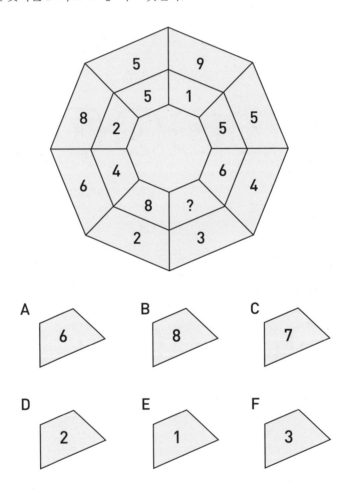

A

6

B

8

C

7

D

2

E

1

F

3

각 도형들은 어떤 숫자를 나타낸다. 수식을 계산해 도형이 의미하는 숫자를 찾아보자. 물음표 자리에 들어갈 숫자는 무엇일까?

$$◎ + ● - ○ = 1$$

$$● + ◉ - ○ = 5$$

$$○ + ◉ - ◎ = 6$$

$$◉ + ○ - ● = 4$$

| 14 | 15 | ? |

잭, 시드, 알프, 짐은 살인 용의자로 조사받고 있다. 그들은 용의자로 지목되자마자 억울하다며 다음과 같이 말했다. 용의자 중 단 한 명만 진실을 이야기하고 있다. 네 용의자 중 진범은 누구일까?

잭 : "시드가 살인을 저질렀어요."

시드 : "짐이 살인을 저질렀어요."

알프 : "나는 살인을 저지르지 않았어요."

짐 : "시드가 거짓말을 하고 있어요."

각 알파벳과 숫자 사이에는 일정한 규칙이 있다. 빈칸에 들어갈 숫자는
보기 A~F 중 어느 것일까?

C	3	14	N
Y	25	12	L
F	6	19	P
U	21	16	P
O			D

15	4

A

5	26

B

11	18

C

24	8

D

13	3

E

1	19

F

어떤 교도소에서는 식사 시간에 죄수를 앉힐 때 다음과 같은 규칙이 있다고 한다. 규칙과 교도관의 말을 참고해 보자. 이 교도소에 수감된 죄수는 모두 몇 명일까?

규칙

1. 각 테이블에는 같은 수의 죄수를 앉혀야 한다.
2. 테이블의 숫자는 홀수여야 한다.

교도관의 말

"테이블당 3명을 앉히면 죄수 2명이 남습니다."

"테이블당 5명을 앉히면 죄수 4명이 남습니다."

"테이블당 7명을 앉히면 죄수 6명이 남습니다."

"테이블당 9명을 앉히면 죄수 8명이 남습니다."

"테이블당 11명씩 앉히면 남는 죄수는 없습니다."

숫자가 적힌 미로가 있다. 이 미로의 이용 요금은 미로를 통과하면서 만나는 숫자를 모두 더한 값이다. 요금을 가장 적게 내려면 미로를 어떤 경로로 지나야 할까?

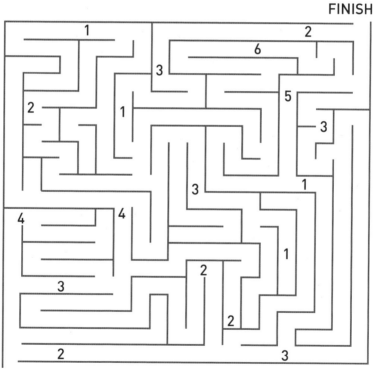

아래 도형을 모두 붙여 하나로 만들면 어떤 숫자가 나타난다. 그 숫자는 보기 A~F 중 어느 것일까?

6 7 9 3 8 4

A   B   C   D   E   F

가운데 도형과 만났을 때 완벽한 사각형을 만들 수 있는 도형은 보기
A~F 중 어느 것일까?

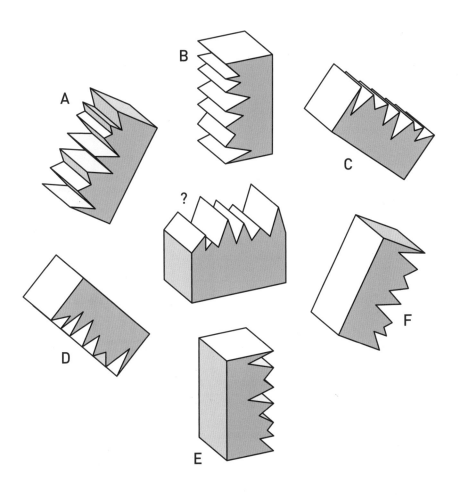

스페인 국경 근처에 있는 알가르브(Algarve)라는 마을에는 아래와 같이 도로가 완벽한 격자 모양으로 설계된 곳이 있다. 이 마을에 사는 사람 7명은 점으로 표시되어 있다. 7명이 이야기를 나누러 만난다고 할 때, 총 이동 거리를 가장 적게 하려면 어느 곳에서 만나야 할까?

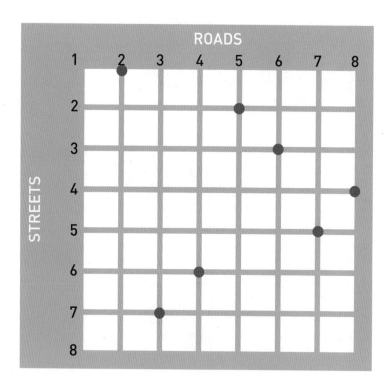

각 가로줄과 세로줄, 대각선에는 같은 모양의 도형이 중복 없이 한 번씩
만 들어간다. 물음표 자리에 들어갈 알맞은 도형은 보기 A~E 중 어느 것
일까?

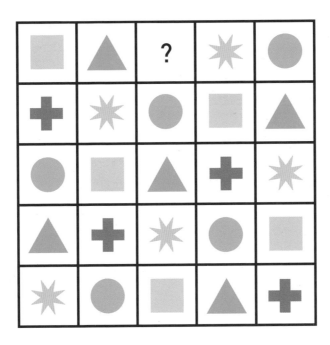

A   B   C   D   E

도형이 일정한 규칙에 따라 순서대로 나열되어 있다. 물음표 자리에 들어갈 도형은 보기 A~D 중 어느 것일까?

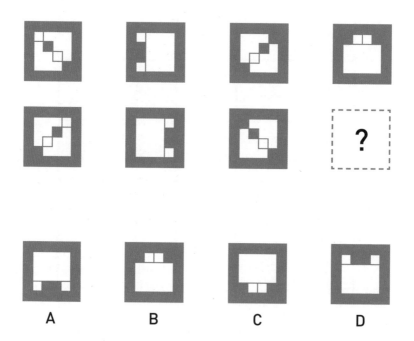

아래에는 상하좌우 또는 대각선 방향으로 나란히 적힌 'POTATO'가 딱 한 군데 있다. 어디에 있을까?

```
T O P P O T A T T O T P O P O
O A A T O P A T O T A O P O T
P A P O T T P O T A T T O O A
T A P T O T O T O P O O A T T
O T O P A O T P P T P T P O A
O P A T O P A O A O T A T A P
A P O A P O T P T P T A T P T
T P A P A A P T O P T T O T A
O O O A T T A A O O P T A A T
T T O O A O T T O P O T A P O
O A T P T P T P A O T O T A P
P O O T A A P A T T O A A P O
P T A T T T P O P O T T T T
O T A O O P T O P A T P O O O
O P P O T A T T A P A T P E P
```

시계에 숫자 4개가 표시되어 있다. 지금 시간 전에 마지막으로 이 숫자 4개가 동시에 표시된 시간은 언제일까?

독특한 금고가 있다. 금고를 열려면 마지막에 'F' 버튼을 눌러야 한다. 그 전에, 모든 버튼을 올바른 순서로 한 번씩 눌러야 한다. 버튼을 누르면 그 버튼이 가리키는 지시사항에 따라 다음 버튼을 누른다. 버튼에 적힌 숫자는 그 버튼을 기준으로 몇 칸 떨어져 있는지를, 알파벳은 방향(UP& DOWN, LEFT&RIGHT)의 첫 글자를 나타낸다. 예를 들어 3R 버튼을 누르면 그다음에는 오른쪽으로 세 칸 떨어져 있는 버튼을 눌러야 한다는 의미다. 칸 바깥의 숫자와 알파벳은 칸의 위치(좌표)를 나타낸다. 금고를 열기 위해 첫 번째로 눌러야 하는 버튼의 위치는 보기 A~F 중 어느 것일까?

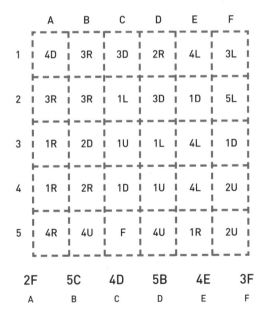

	A	B	C	D	E	F
1	4D	3R	3D	2R	4L	3L
2	3R	3R	1L	3D	1D	5L
3	1R	2D	1U	1L	4L	1D
4	1R	2R	1D	1U	4L	2U
5	4R	4U	F	4U	1R	2U

2F	5C	4D	5B	4E	3F
A	B	C	D	E	F

아홉 칸으로 이루어진 도형에서 맨 마지막 칸 하나가 빠져 있다. 각 칸은
일정한 규칙에 따라 배치되어 있다. 빠진 곳에 들어갈 알맞은 칸은 보기
A~H 중 어느 것일까?

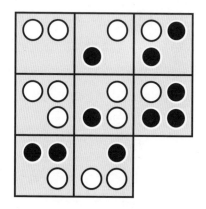

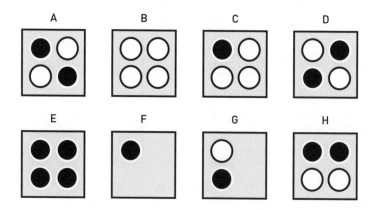

샘과 스펜서는 길 양쪽에 늘어선 가로수를 가지치기하고 있다. 왼쪽과 오른쪽에 있는 가로수의 개수는 서로 똑같다. 샘은 먼저 도착해 오른쪽 가로수 세 그루를 가지치기했다. 스펜서는 뒤늦게 도착해 샘이 왼쪽 가로수를 맡아야 한다고 했고, 샘은 왼쪽으로 이동해 가지치기를 다시 시작했다. 스펜서가 샘이 하던 오른쪽 가지치기를 이어 맡았다. 스펜서는 오른쪽 가지치기를 모두 끝마치자, 왼쪽으로 이동해 샘을 도와 가로수 여섯 그루를 가지치기했다.

샘과 스펜서 중 가지치기를 더 많이 한 사람은 누구이고, 얼마나 더 많이 했을까?

다음 전개도로 만들 수 있는 정육면체는 보기 A~F 중 어느 것일까?

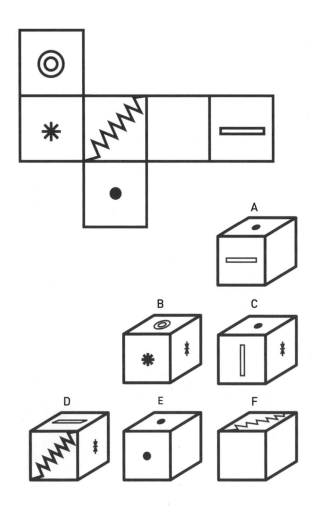

아래에 도형이 무작위로 정렬되어 있다. 그런데 어떤 규칙에 따라 순서대로 정렬하면 첫 번째는 검은색 사각형, 마지막은 노란색 육각형이 된다. 나머지 도형의 순서는 모두 바뀐다. 이 규칙은 무엇일까?

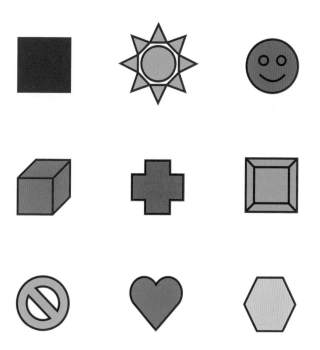

각 원에 색깔이 일정한 규칙에 따라 배치되어 있다. 한가운데 빈칸에 들
어갈 색깔은 보기 A~F 중 어느 것일까?

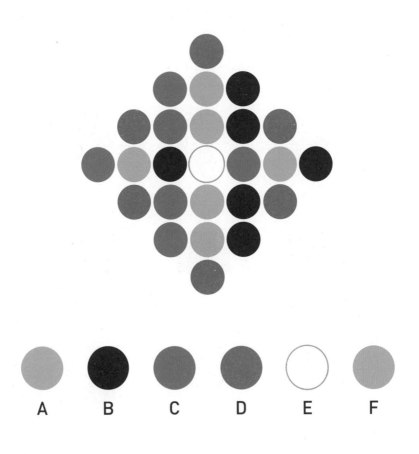

A   B   C   D   E   F

삼각형의 변이 이루는 규칙을 찾아보자. 각 변의 색깔은 숫자 1~9 중 하나를 나타낸다. 물음표 자리에 들어갈 숫자는 무엇일까?

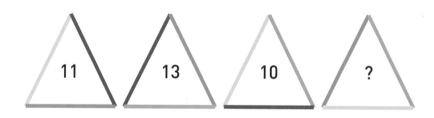

왼쪽 그림과 오른쪽 그림 사이에는 다른 점이 9가지 있다. 다른 곳은 각
각 어디일까?

색깔과 단어가 무작위로 섞여 있다. 색깔과 단어를 결합했을 때 의미를
갖는 것끼리 짝지어 보자. 색깔과 단어를 어떻게 연결해야 할까?

사각형들이 무작위로 배열되어 있다. 이 사각형들을 색깔의 규칙에 따라
올바른 순서로 재배열해야 한다. 올바르게 배열하면 빨간색, 주황색, 노
란색 사각형은 지금 위치를 유지하지만, 나머지 사각형들은 모두 위치가
바뀌게 된다. 숨은 규칙을 찾아보자. 사각형을 어떻게 배열해야 할까?

각 도형에 있는 색은 1~9 사이의 숫자 중 하나를 나타낸다. 같은 사각형에 있는 색을 곱해 같은 줄끼리 더하면 각 줄 바깥의 숫자가 나온다. 물음표 자리에 들어갈 숫자는 무엇일까?

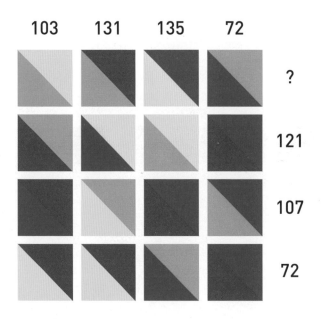

각 칸에 있는 색은 1~9 사이의 숫자 중 하나를 나타낸다. 단, 숫자가 없는 칸의 색은 -9~-1 사이의 음수를 나타낸다. 같은 줄에 있는 칸의 숫자와 색을 모두 더하면 줄 바깥의 숫자가 나온다. 물음표 자리에 들어갈 숫자는 무엇일까?

6	7	3	8	2	4	1	6	9	5	91
3	4	6	2	9	7	7	6	3	4	111
5	9	6	8	3	2	4	7			74
9	8	2	3			6	8			51
8	7	3	4			6	1	4	6	68
2	9	5	4	8	3	6	2	7	8	97
4	3	2	9	1	4	5	6	8	3	85
6	2	4	3	1	7	9	6	3	8	91
2	4	7	6			1	2			36
3	5	6	8			2	4			45
90	108	89	100	36	44	94	82	52	?	

각 칸의 색 배치를 자세히 보자. 숫자와 알파벳은 칸의 위치를 나타낸다.
A2 칸과 똑같은 색으로 구성된 칸은 보기 A~F 중 어느 것일까?

	A	B	C	D
1				
2				
3				
4				

C1	A3	B4	D2	D1	C4
A	B	C	D	E	F

각 조각에 있는 색은 1~9 사이의 숫자 중 하나를 나타낸다. 색깔 사이에
숨은 규칙을 찾아보자. 물음표 자리에 들어갈 숫자는 무엇일까?

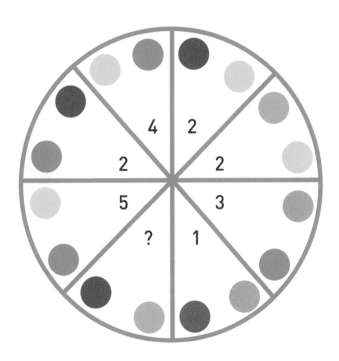

각각 다른 색의 원들이 일정한 규칙에 따라 직선 위 또는 아래에 배치되어 있다. 검은색 원은 직선 위로 배치해야 할까, 아래로 배치해야 할까?

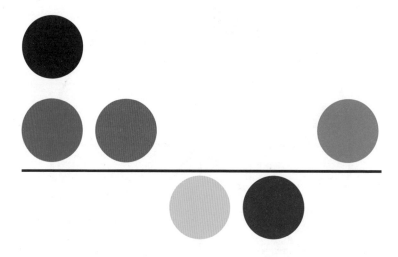

아래 빨간색 칸에서 위쪽 빨간색 칸까지 지금 보이는 세 면을 모두 거쳐 이동해야 한다. 이때 칸에 있는 색이 지시하는 방향대로만 움직일 수 있다. 예를 들어 주황색에서는 반드시 왼쪽으로 한 칸 움직여야 한다. 다른 색에서도 마찬가지로 각각 다른 방향으로 한 칸을 움직인다. 길을 어떻게 지나야 목적지에 도착할 수 있을까?

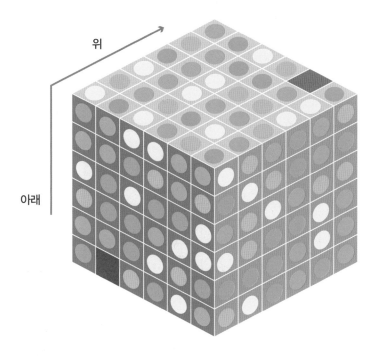

위

아래

독특한 금고가 있다. 금고를 열려면 마지막에 맨 왼쪽 위의 'F' 버튼을 눌러야 한다. 그 전에, 모든 버튼을 올바른 순서로 한 번씩 눌러야 한다. 버튼을 누르면 그 버튼이 가리키는 지시사항에 따라 다음 버튼을 누른다. 버튼에 적힌 숫자는 몇 칸을 이동하는지를, 숫자의 색깔은 어디로 이동하는지를 나타낸다. 검은색은 아래쪽, 빨간색은 위쪽, 분홍색은 왼쪽, 초록색은 오른쪽을 의미한다. 예를 들어 검은색 1 버튼을 누르면 그다음에는 아래쪽으로 한 칸 떨어져 있는 버튼을 눌러야 한다는 의미다. 금고를 열기 위해 첫 번째로 눌러야 하는 버튼은 무엇일까?

F	5	1	3	3	5
5	4	2	1	3	1
1	2	2	1	2	1
1	1	3	1	3	1
2	3	2	2	1	1
4	2	3	1	4	1
2	2	1	2	1	6

067

삼각형에 있는 숫자와 색의 규칙을 찾아보자. 각 변의 색은 1~9 사이의
숫자 중 하나를 나타낸다. 물음표 자리에 들어갈 숫자는 무엇일까?

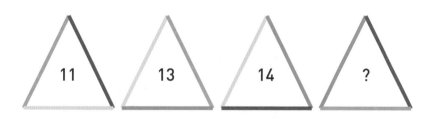

맨 왼쪽 아래 주황색 원에서 시작해 맨 오른쪽 위 주황색 원까지 인접한
원을 따라 이동해야 한다. 출발점에서 도착점까지 총 9개의 원을 만난다.
이때 만나는 원의 색이 주황색 4개, 파란색 3개, 빨간색 1개, 초록색 1개
가 되는 경로는 모두 몇 가지일까?

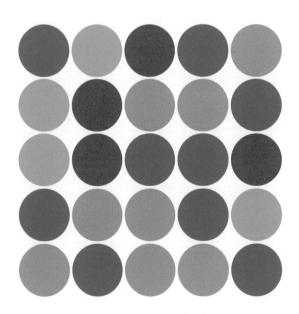

둘씩 묶인 다른 색깔의 도형 사이에는 일정한 규칙이 있다. 왼쪽에 적힌 숫자를 참고해 규칙을 찾아보자. 물음표 자리에 들어갈 숫자는 무엇일까?

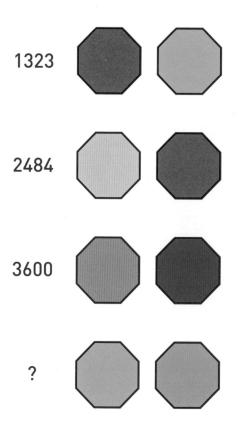

여러 색으로 이루어진 칸이 아래와 같이 정렬되어 있다. 오른쪽에 있는
여섯 칸짜리 블록을 왼쪽 블록에 겹쳐 놓으면, 이 도형의 각 가로줄과 세
로줄에는 같은 색이 하나씩만 배치된다. 오른쪽 블록을 어디에 놓아야
할까? 블록을 뒤집거나 돌려야 할 수도 있다.

보기 A, B, C는 일정한 규칙에 따라 변하고 있다. 이 규칙에 따르면 보기 D는 어떤 모습일까?

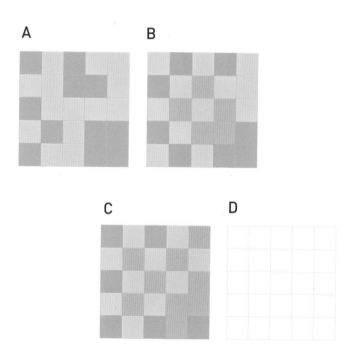

빈칸에 들어갈 도형은 보기 A~E 중 어느 것일까?

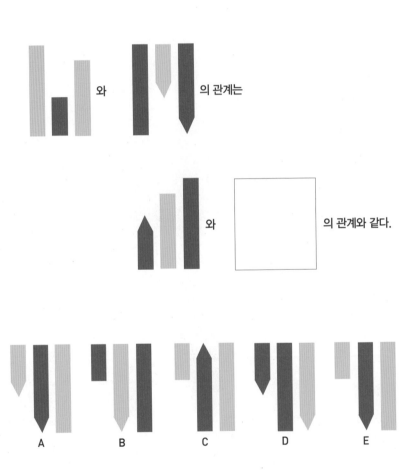

각 칸의 색은 1~9 사이의 숫자 중 하나를 나타낸다. 줄 바깥에 있는 숫자는 같은 줄에 있는 색을 모두 더한 값이다. 물음표 자리에 들어갈 숫자는 무엇일까?

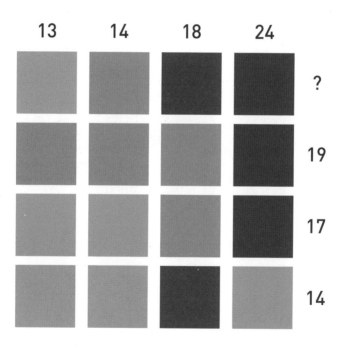

숫자와 색깔의 관계를 파악해 보자. 마지막 물음표 자리에 들어갈 숫자
는 무엇일까?

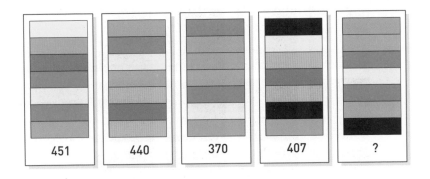

다음 전개도로 만들 수 없는 정육면체는 보기 A~F 중 어느 것일까?

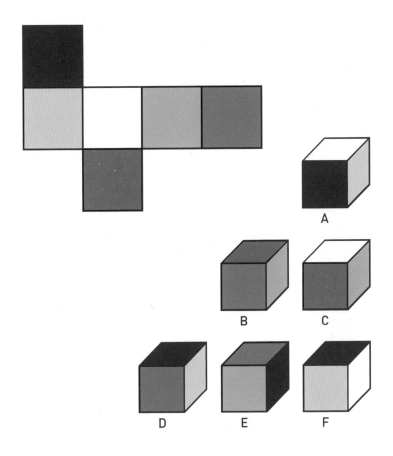

저울이 균형을 이루고 있다. 물음표 자리에 들어갈 상자의 무게는 얼마일까? 단, 받침대의 무게는 고려하지 않는다.

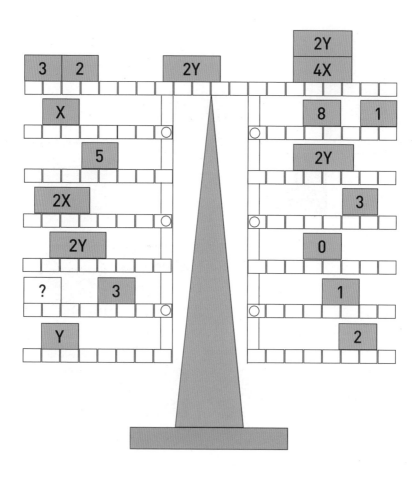

시계가 일정한 규칙에 따라 움직이고 있다. 다음 순서에 등장할 시계는
보기 A~F 중 어느 것일까?

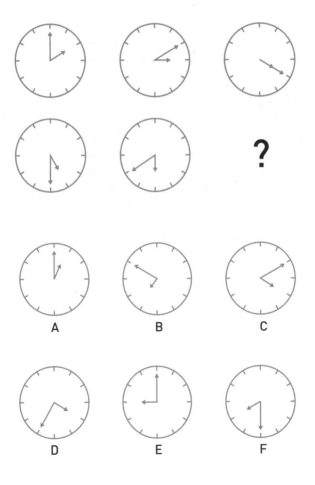

한 테니스 클럽에는 회원이 총 189명 있다. 이 중 8명은 클럽에 등록한 지 3년이 되지 않았다. 11명은 20세 미만이고, 70명은 안경을 쓰고 있다. 또한 140명이 남성이다. 그렇다면 클럽에 등록한 지 3년이 넘었고, 20세 이상이며, 안경은 쓴 남성 회원은 최소 몇 명일까?

각 도형의 관계를 파악해 보자. 가운데 물음표 자리에 들어갈 도형은 보기 A~F 중 어느 것일까?

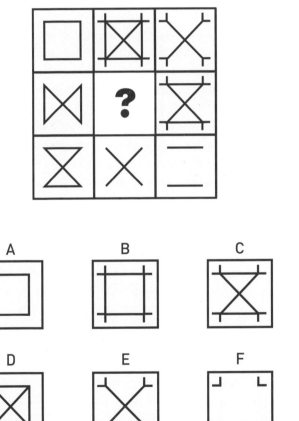

A

B

C

D

E

F

각 칸에 도형이 일정한 규칙에 따라 배치되어 있다. 마지막 물음표 자리에 들어갈 도형의 모습은 보기 A~F 중 어느 것일까?

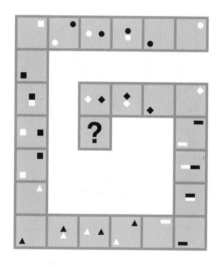

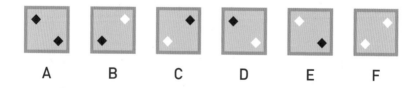

A   B   C   D   E   F

다음 전개도로 만들 수 있는 정육면체는 보기 A~F 중 어느 것일까?

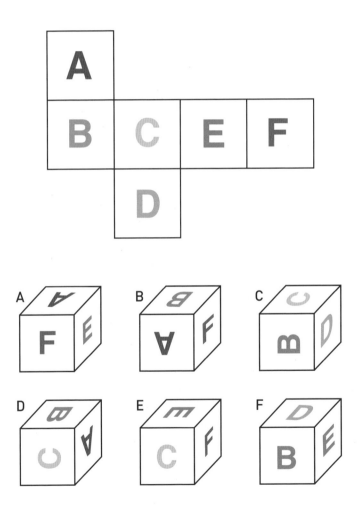

아래 그림에 숫자 열쇠를 넣어 모든 빈칸을 채워보자. 숫자를 어떻게 넣어야 할까?

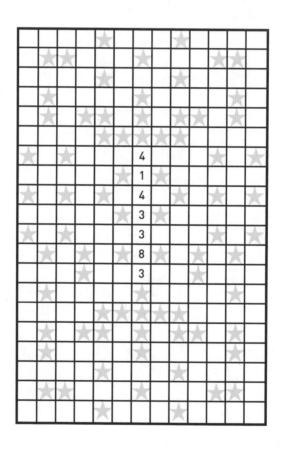

가로 열쇠

118	2133	6289
126	2345	6321
149	2801	9134
197	2803	9277
421	3458	9783
738	3482	12304
769	3485	12334
823	4190	12345
864	4227	53802
932	4656	56182
987	5199	0693878
1366	5660	9124914

세로 열쇠

14	8228	443628
15	9998	492660
25	12735	536293
33	15787	593680
39	17151	~~4143383~~
42	24991	5428292
1178	26114	6132104
2119	64843	586713226
3002	116357	981921603
6334	200900	

다음 과녁에 다트를 4번 던져 85점을 내는 방법의 가짓수는 보기 A~F 중 어느 것일까? 단, 모든 다트가 빗나가지 않고 과녁에 명중했다고 가정한다.

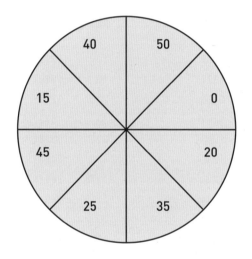

8가지	11가지	12가지	9가지	14가지	6가지
A	B	C	D	E	F

겹친 세 정사각형을 자세히 보자. 보기 A~D 중 어느 하나만 아래 도형
과 같은 규칙으로 겹쳐져 있다. 그 보기는 무엇일까?

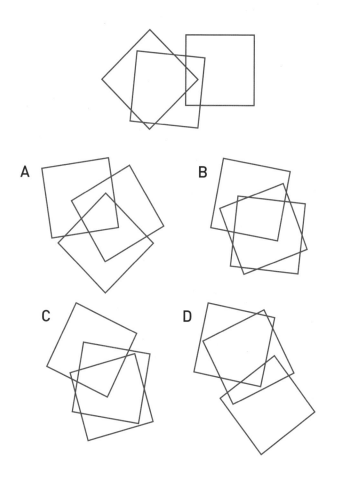

A

B

C

D

선이 일정한 규칙에 따라 추가되고 있다. 물음표 자리에 들어갈 형태는 보기 A~E 중 어느 것일까?

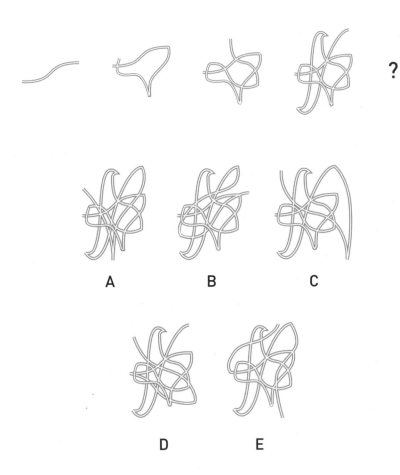

직선 3개를 그어 구역 안에 있는 그림의 합이 각각 40이 되도록 4조각으로 나눠야 한다. 아래 각 그림이 나타내는 숫자를 참고해 보자. 단, 직선의 두 끝이 반드시 모서리에 닿을 필요는 없다. 선을 어떻게 그어야 할까?

도형이 일정한 규칙에 따라 배치되어 있다. 물음표 자리에 들어갈 도형
배치는 보기 A~D 중 어느 것일까?

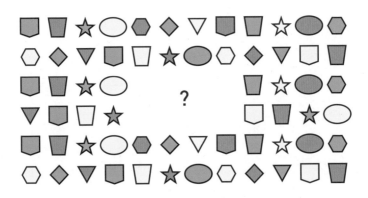

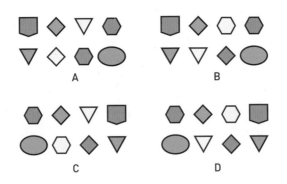

그림 A와 그림 B 사이에는 다른 점이 14가지 있다. 다른 곳은 각각 어디일까?

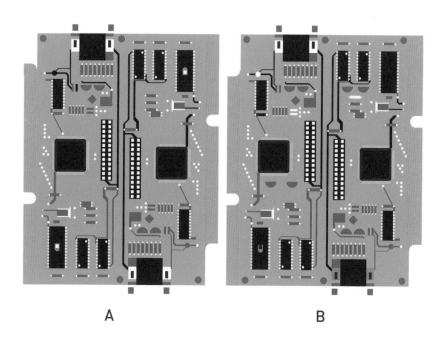

A   B

독특한 미로가 있다. 출발점에서 도착점까지 가는 경로 4가지를 찾아야 한다. 각 경로는 길이 겹칠 수 있지만, 서로 교차할 수는 없다. 경로에 따라 미로를 지날 때 만나는 알파벳을 순서대로 배열하면 음악과 관련된 6글자 단어가 나타난다. 각 경로를 지나면서 만들어지는 단어 4개는 무엇일까?

FINISH

START

선으로 이루어진 도형이 일정한 규칙에 따라 배열되어 있다. 다음 순서
에 나타날 도형은 어떤 모습일까?

091

한 칸에 숫자가 2개씩 들어가 있다. 각 가로줄과 세로줄, 가장 긴 대각선에 있는 숫자를 모두 더하면 203이 된다. 아래 숫자 목록에서 빈칸에 들어갈 숫자를 찾아보자. 숫자를 어떻게 넣어야 규칙을 만족할 수 있을까?

6 8 29 9 27 30 13 7 3 29 14 15 8
3 2 19 11 12 39 0 40 1 7 11 2 9 2
34 13 10 8 12 20 19 36 5 4 5 18 40

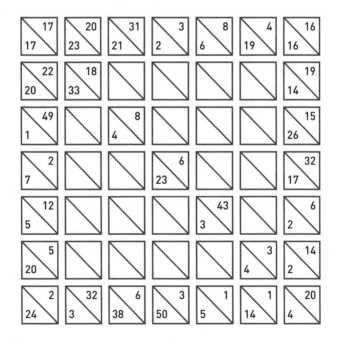

두 알파벳을 사이에 두고 숫자가 일정한 규칙에 따라 배치되어 있다. 물음표 자리에 들어갈 숫자는 보기 A~F 중 어느 것일까?

A	1	B
D	7	K
Q	2	O
R	2	T
Z	?	C

12	5
A	B

20
C

28	23
D	E

9
F

초록색 칸은 2, 파란색 칸은 3, 빨간색 칸은 4를 나타낸다. 가장 구석에 있는 초록색 칸 중 하나에서 시작해 길을 따라 네 칸을 더 이동한다. 지나는 칸의 숫자를 모두 더했을 때, 나올 수 있는 가장 높은 값은 보기 A~F 중 무엇일까?

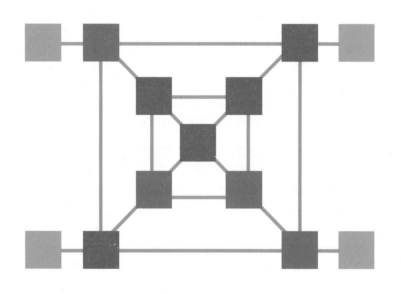

19	16	18	15	20	17
A	B	C	D	E	F

여러 색의 칸이 일정한 규칙에 따라 정렬되어 있다. 빈 곳에 들어갈 칸의 색깔은 보기 A~C 중 어느 것일까?

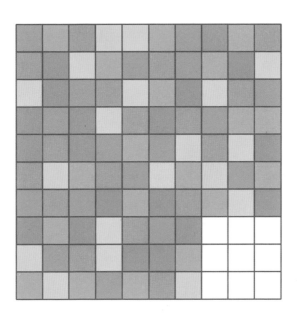

A   B   C

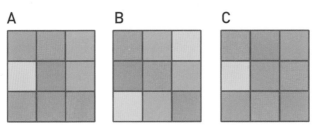

각 칸의 색 배치를 자세히 보자. 숫자와 알파벳은 칸의 위치를 나타낸다.

B1 칸과 똑같은 색으로 구성된 칸은 보기 A~F 중 어느 것일까?

	A	B	C	D
1				
2				
3				
4				

A3	B2	C4	C2	B4	A1
A	B	C	D	E	F

삼각형에 있는 숫자와 색의 규칙을 찾아보자. 삼각형의 면과 변에 칠해
진 색은 1~9 사이의 숫자 중 하나를 나타낸다. 물음표 자리에 들어갈 숫
자는 무엇일까?

도형에 그려진 화살표 방향은 그 도형의 색과 관계가 있다. 만약 주황색 도형을 새로 그려야 한다면, 주황색 도형의 화살표는 어디를 향해야 할까?

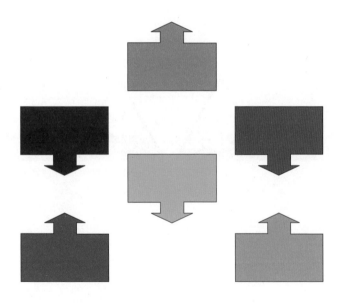

각 칸의 색은 1~9 사이의 숫자 중 하나를 나타낸다. 줄 바깥에 있는 숫자는 같은 줄에 있는 색을 모두 더한 값이다. 물음표 자리에 들어갈 숫자는 보기 A~F 중 어느 것일까?

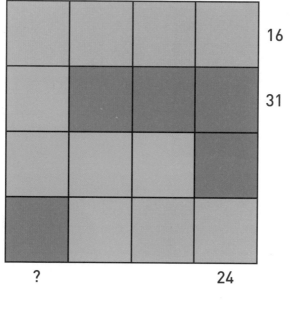

16

31

?   24

20	26	34	32	35	22
A	B	C	D	E	F

다음 전개도로 만들 수 있는 정육면체는 보기 A~F 중 어느 것일까?

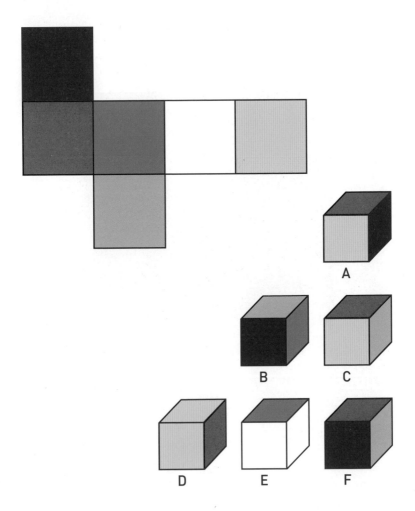

삼각형에 있는 숫자와 색의 규칙을 찾아보자. 각 변의 색은 1~9 사이의
숫자 중 하나를 나타낸다. 물음표 자리에 들어갈 숫자는 무엇일까?

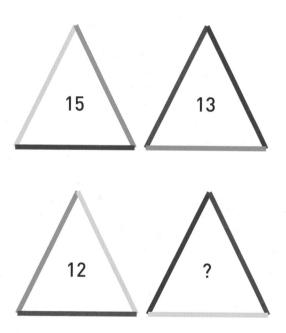

왼쪽 그림과 오른쪽 그림 사이에는 다른 점이 10가지 있다. 다른 곳은 각
각 어디일까?

각 원의 색은 숫자를 나타낸다. 파란색 원은 3, 노란색 원은 4, 하늘색 원은 5, 분홍색 원은 6, 빨간색 원은 8이다. 검은색 원은 -3을 의미한다. 맨 왼쪽 아래 노란색 원에서 출발해 화살표를 따라 맨 오른쪽 위 분홍색 원에 도착해야 한다. 길을 지나면서 만나는 원의 숫자를 모두 더했을 때, 나올 수 있는 가장 작은 값은 보기 A~F 중 어느 것일까?

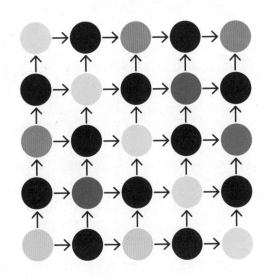

6	8	11	10	12	16
A	B	C	D	E	F

각 칸의 색은 1~9 사이의 숫자 중 하나를 나타낸다. 줄 바깥에 있는 숫자는 같은 줄에 있는 색을 모두 더한 값이다. 물음표 자리에 들어갈 숫자는 무엇일까?

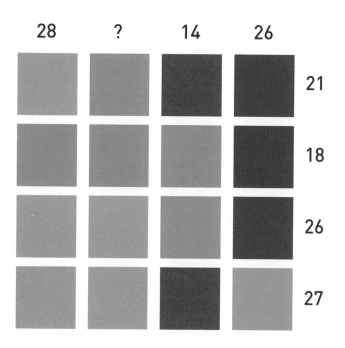

빈칸에 들어갈 도형은 보기 A~E 중 어느 것일까?

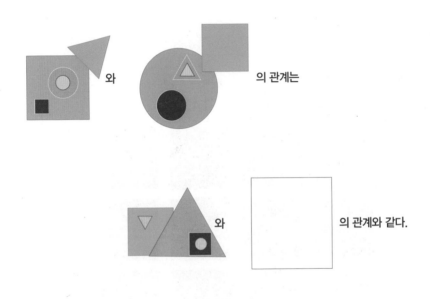

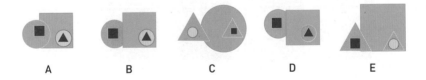

A   B   C   D   E

아래 그림에서 색은 일정한 규칙에 따른 숫자를 나타낸다. 맨 아래 숫자는 그 줄에 있는 색을 모두 더한 값이다. 물음표 자리에 들어갈 숫자는 무엇일까? 단, 어떤 도형은 칠해진 색의 숫자를 음수로 바꾼다.

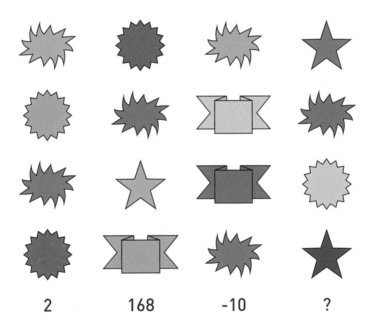

아래 그림의 빈 원 부분을 공으로 채워야 한다. 넣을 공은 맨 아래 준비되어 있다. 이미 들어가 있는 검은 공에는 알파벳 M이 새겨져 있다. 다른 공 역시 알파벳을 나타낸다. 빨간색은 I, 파란색은 N, 초록색은 D이다. 이때, 검은 공에서 시작해 인접한 상하좌우 및 대각선으로 한 칸씩 이동하면서 'MIND'를 만드는 방법이 총 17가지가 되도록 공을 배치해야 한다. 빈 부분을 어떻게 채워야 할까?

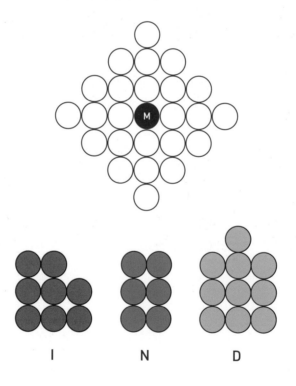

각 칸의 색은 1~9 사이의 숫자 중 하나를 나타낸다. 같은 줄에 있는 색을 모두 더하면 각 줄 바깥에 있는 숫자가 나온다. 물음표 자리에 들어갈 숫자는 무엇일까?

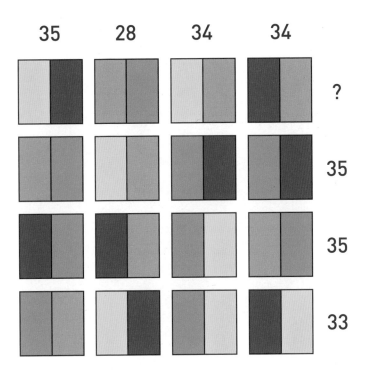

왼쪽 파란색 칸에서 오른쪽 파란색 칸까지 지금 보이는 세 면을 모두 거쳐 이동해야 한다. 이때 칸에 있는 색이 지시하는 방향대로만 움직일 수 있다. 예를 들어 빨간색에서는 반드시 왼쪽으로 한 칸 움직여야 한다. 다른 색에서도 마찬가지로 각각 다른 방향으로 한 칸을 움직인다. 길을 어떻게 지나야 목적지에 도착할 수 있을까?

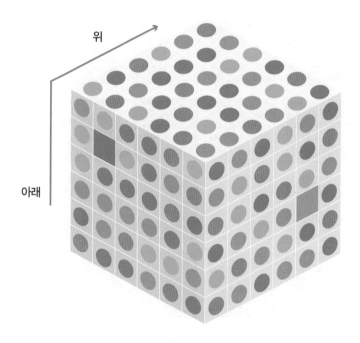

직선 3개를 그어 구역 안에 있는 숫자의 합이 각각 60이 되도록 조각 5 개로 나눠야 한다. 선을 어떻게 그어야 할까?

```
1   9   3   7       1       4   9   3
                0       3
    7   9   8       3       3       5   9
        7       0       0
8               1       1       0       7
        5       1
    0       4           0   6   6       2
2       0   5               0
    8           7   7       2       9
        9               8   3
            3       4       7       0
    3           9
2       0   4       3   6       1   7
    8   1       2   6
        7           0       3
1   5           4       5
    5   4   4       2   2   9
```

다음 전개도로 만들 수 없는 정육면체는 보기 A~F 중 어느 것일까?

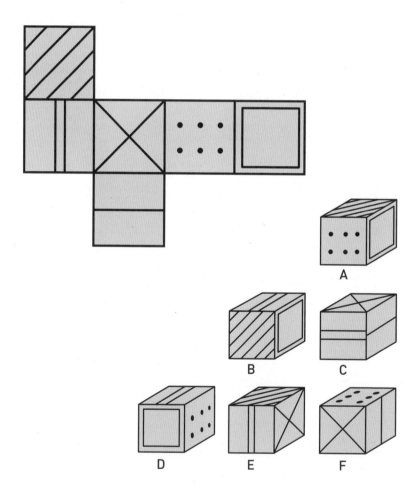

도형이 순서에 따라 일정한 규칙으로 배치되어 있다. J와 N 위치에 들어
갈 두 도형은 보기 1~6번 중 무엇과 무엇일까?

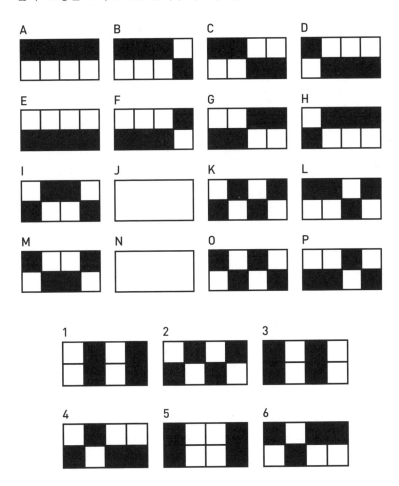

정현이는 보통 오후 5시 30분에 퇴근하고 마트 앞에서 아버지에게 전화를 한다. 그 뒤 6시 지하철을 타면 집과 가장 가까운 역에 6시 30분에 도착한다. 아버지는 6시 30분에 맞춰 차를 타고 역 앞에 도착해 그녀와 함께 집으로 간다.

그런데 오늘은 일을 일찍 마쳐 오후 5시 20분에 퇴근할 수 있었다. 정현이는 평소처럼 마트 앞에서 전화를 걸면 더 빠른 지하철을 놓칠 것 같아 전화를 하지 않고 가까스로 5시 30분 지하철을 탔다. 역에는 6시에 도착했지만, 아버지에게 전화를 하지 않았기 때문에 그녀는 집을 향해 걷기 시작했다. 아버지는 전화가 오진 않았지만 평소처럼 6시 30분에 맞춰 역으로 출발했다. 아버지는 역으로 향하던 중 걸어오고 있는 정현이를 발견하고 그녀를 태워 다시 집으로 갔다. 집에 도착한 시간은 평소보다 10분 빨랐다.

정현이는 아버지 차를 타기 전까지 몇 분이나 걸었을까?

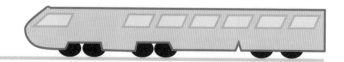

빈칸에 들어갈 도형은 보기 A~E 중 어느 것일까?

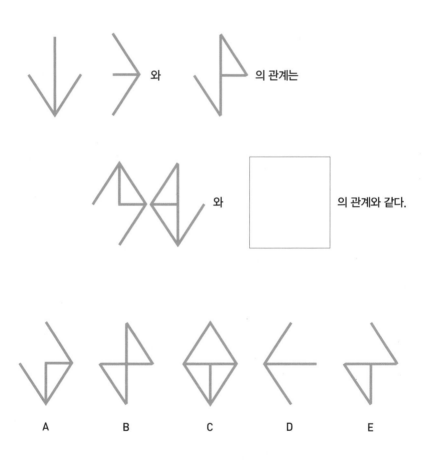

빈칸에 알맞은 부호를 넣어 수식을 완성해 보자. 단, 계산은 기존의 사칙 연산 순서가 아닌 왼쪽부터 순서대로 진행한다. 빈칸에 들어갈 부호는 보기 A~F 중 어느 것일까?

| 9 | | 4 | | 2 | | 17 | | 16 | = | 18 |

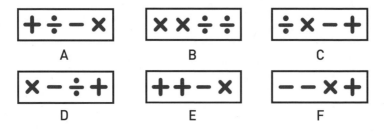

아래와 같은 직사각형 모양의 공원에서 나선으로 이어진 2미터 너비의 자갈길이 있다. 입구에서 길이 끝나는 한가운데까지 가려면 몇 미터를 걸어야 할까? 단, 길 경계의 넓이는 고려하지 않는다.

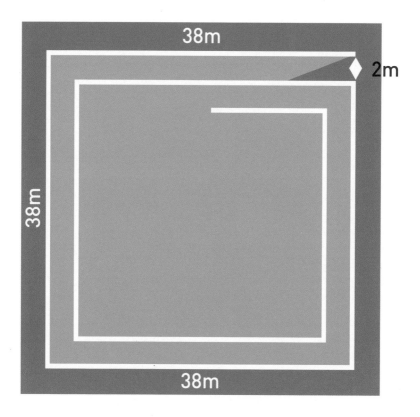

직선을 가능한 한 적게 그어서 각 구역에 모두 같은 개수의 삼각형이 들어가도록 나눠보자. 직선을 어떻게 그어야 할까?

숫자와 도형의 관계를 파악해 보자. 물음표 자리에 들어갈 숫자는 무엇일까?

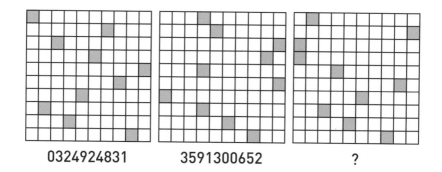

0324924831   3591300652   ?

숫자가 일정한 규칙에 따라 배치되어 있다. 빈칸에 들어갈 블록은 보기 A~F 중 어느 것일까?

9	5	1	5	
6	5	7	4	
5	6	3	6	4
3	1	8	5	7
1	7	5	4	7

1 3	5 3	4 2	2 4	3 1	1 1
A	B	C	D	E	F

시계가 일정한 규칙에 따라 움직이고 있다. 네 번째 시계가 가리키는 시간은 보기 A~D 중 어느 것일까?

A　　　　　　B　　　　　　C　　　　　　D

아래 숫자 블록으로 빈칸을 모두 채워보자. 각 가로줄과 세로줄, 가장 긴 대각선에 있는 숫자의 합은 모두 175가 되어야 한다. 블록을 어떻게 넣어야 할까? 단, 블록은 회전하거나 뒤집을 수 없으며 지금 놓인 그대로 사용해야 한다.

			5			
			14			
			16			
49	41	33	25	17	9	1
			34			
			36			
			45			

46	38	30

37	29	28

11	3	44

6	47	39

31	23	15

40	32	24

35	27	19

26	18	10

22	21	13

20	12	4

2	43	42

8	7	48

칸 A, B, C와 칸 1, 2, 3에 있는 도형을 결합해 칸 1A~3C를 만들었다. 예를 들어 칸 1A의 도형은 칸 1과 칸 A의 도형을 결합한 것이다. 그런데 이 중 규칙에 맞지 않는 칸이 있다. 틀린 도형이 그려진 칸은 1A~3C 중 어느 것일까?

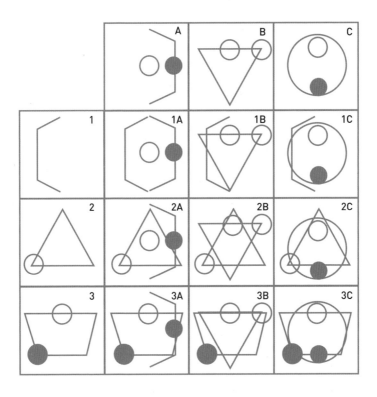

다음 도형에 있는 정사각형은 모두 몇 개일까?

할아버지가 A, B, C, D 네 손자에게 유산으로 정원 하나를 물려주었다. 손자들은 심은 식물 중 19그루씩 나눠 가지라는 유언대로 각자 취향에 맞게 구역을 나눴다. 그러나 손자들은 이내 그들끼리 의심하기 시작했다. "분명 누군가 더 많이 가져간 사람이 있을 거야!"

네 구역의 넓이는 모두 같았지만, 의심은 멈출 줄 몰랐다. 넓이를 확인하고 난 그들은 각 구역에 쳐놓은 울타리의 길이를 비교하기 시작했다.

과연 A, B, C, D의 울타리 길이는 서로 다를까? 다르다면 길이가 가장 긴 구역은 어디일까?

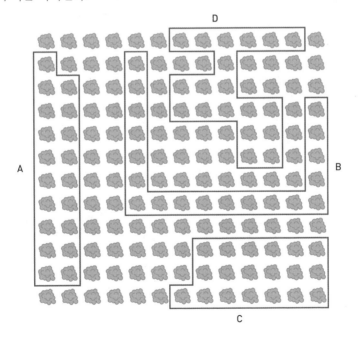

보기 A~G는 각각 똑같은 모양으로 둘씩 짝을 이루고 있다. 그러나 이 중
어느 하나만 짝이 없는 다른 도형이다. 짝이 없는 보기는 어느 것일까?

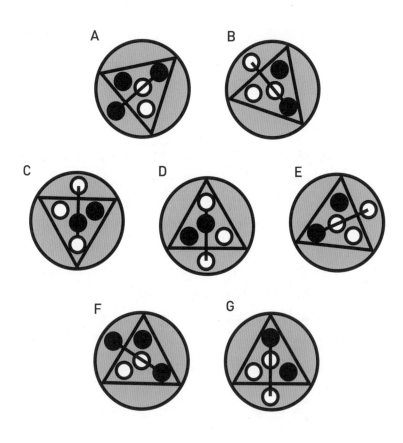

다음 전개도로 만들 수 있는 정육면체는 보기 A~F 중 어느 것일까?

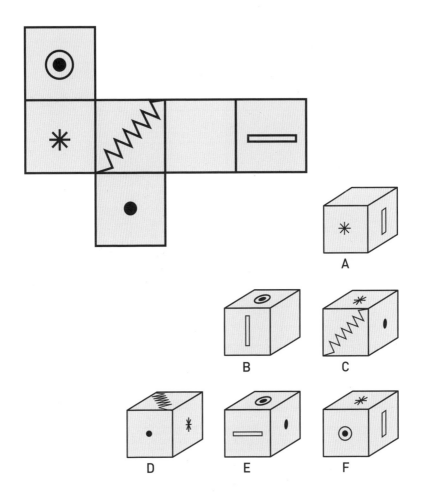

아래 숫자 블록으로 빈칸을 모두 채워보자. 각 가로줄과 세로줄, 가장 긴 대각선에 있는 숫자의 합은 모두 105가 되어야 한다. 블록을 어떻게 넣어야 할까? 단, 블록은 회전하거나 뒤집을 수 없으며 놓인 그대로 사용해야 한다.

			39			
			31			
			23			
35	26	24	15	6	4	-5
			7			
			-1			
			-9			

27	25	16

38	29	20

22	13	11

19	17	8

18	9	0

10	1	-8

14	5	3

-3	37	28

-6	34	32

-2	-4	36

2	-7	33

30	21	12

다음 그림에는 캥거루가 몇 마리나 그려져 있을까?

빈칸에 들어갈 도형은 보기 A~D 중 어느 것일까?

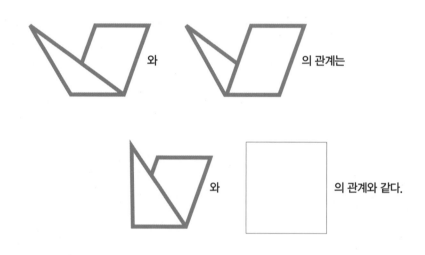

와   의 관계는

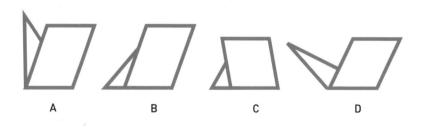

와   의 관계와 같다.

A   B   C   D

원 안에 도형이 일정한 규칙에 따라 배치되어 있다. 빈 조각에 들어갈 도형은 보기 A~F 중 어느 것일까?

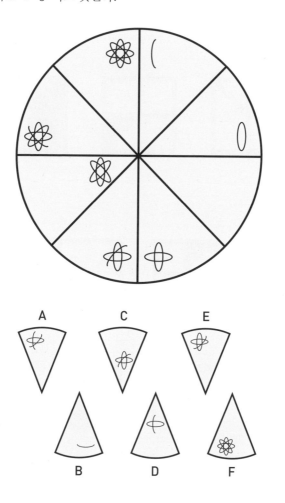

도형이 순서대로 일정한 규칙에 따라 배치되어 있다. 다음 순서에 나올
도형은 보기 A~F 중 어느 것일까?

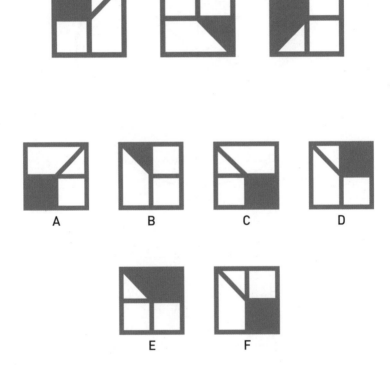

다양한 모양의 원이 일정한 규칙에 따라 배치되어 있다. 맨 위 물음표 자리에 들어갈 원은 보기 A~E 중 어느 것일까?

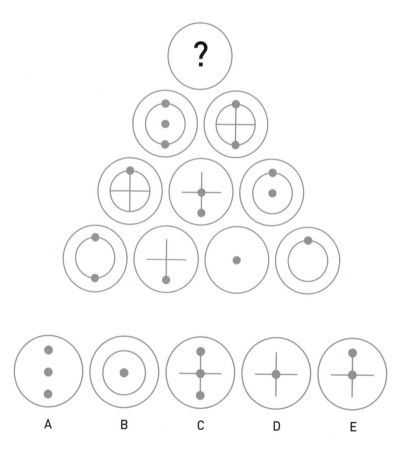

숫자가 일정한 규칙으로 배치되어 있다. 가운데 물음표 자리에 들어갈
숫자는 무엇일까?

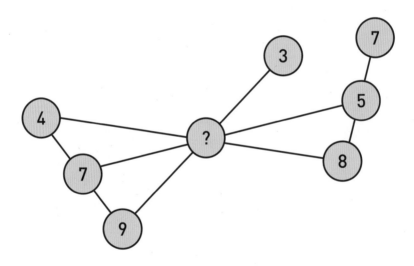

맨 왼쪽 아래에 있는 2가 적힌 원에서 시작해, 맨 오른쪽 위에 있는 1이 적힌 원까지 한 칸씩 이동해야 한다. 원에 칠한 색깔은 음수를 나타낸다. 파란색은 -1, 초록색은 -2, 빨간색은 -3이다. 출발점에서 도착점까지 지나는 원 9개의 숫자를 모두 더했을 때 0이 되는 경로는 몇 가지나 있을까?

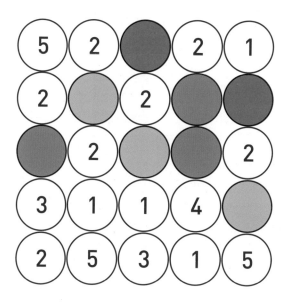

각 칸의 색은 숫자를 나타낸다. 같은 칸의 위 색에서 아래 색을 뺀 다음 같은 줄끼리 더하면 각 줄 바깥에 있는 숫자가 나온다. 물음표 자리에 들어갈 숫자는 무엇일까?

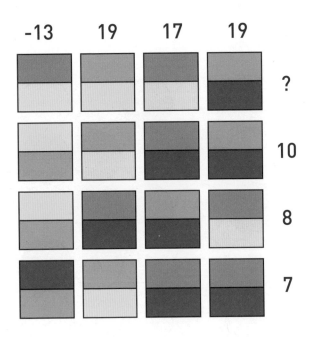

-13   19   17   19

?

10

8

7

135

다른 색깔의 얼굴들이 일정한 규칙에 따라 첫 번째 줄 또는 두 번째 줄에
정렬되어 있다. 규칙에 따르면, 분홍색 얼굴은 첫 번째 줄에 놓아야 할까,
두 번째 줄에 놓아야 할까?

다섯 가지 색으로 칸을 칠한 도형이 있다. 각 빈칸을 다섯 색 중 하나로 채워보자. 색을 채울 때 모든 가로줄과 세로줄, 대각선에는 같은 색이 중복해서 들어갈 수 없다. 물음표 자리에 들어갈 색은 보기 A~E 중 무엇일까?

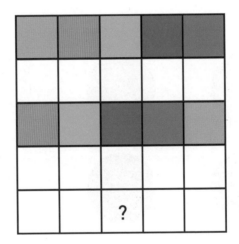

A   B   C   D   E

여러 색으로 이루어진 칸이 아래와 같이 정렬되어 있다. 오른쪽에 있는 아홉 칸짜리 블록을 왼쪽 블록에 겹쳐 놓으면, 이 도형의 각 가로줄과 세로줄에는 같은 색이 하나씩만 배치된다. 오른쪽 블록을 어디에 놓아야 할까? 블록을 뒤집거나 돌려야 할 수도 있다.

아래 빨간색 칸에서 위쪽 빨간색 칸까지 지금 보이는 세 면을 모두 거쳐 이동해야 한다. 이때 칸에 있는 색이 지시하는 방향대로만 움직일 수 있다. 예를 들어 파란색에서는 반드시 왼쪽으로 한 칸 움직여야 한다. 다른 색에서도 마찬가지로 각각 다른 방향으로 한 칸을 움직인다. 길을 어떻게 지나야 목적지에 도착할 수 있을까?

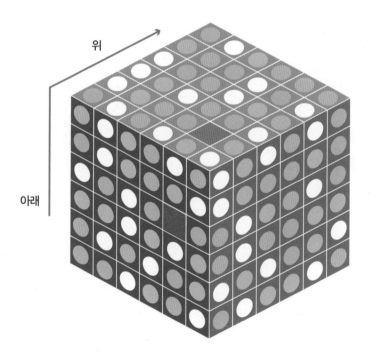

각 칸에 색이 일정한 규칙에 따라 칠해져 있다. 규칙에 따르면, 빈칸에
색을 어떻게 채워야 할까?

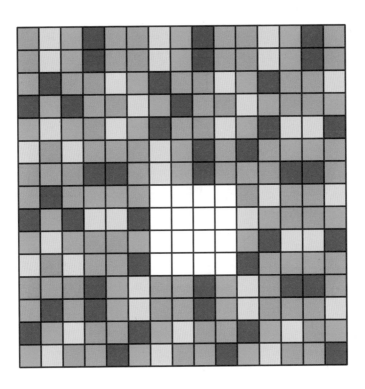

다음 도형들은 하나를 제외하고 모두 같은 규칙에 따라 만들어진 것이다. 규칙에 맞지 않는 하나는 무엇일까?

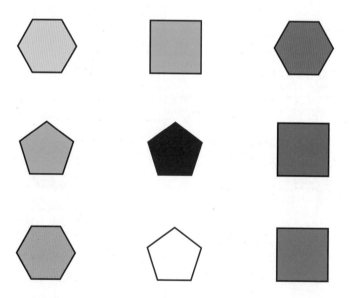

독특한 금고가 있다. 금고를 열려면 마지막에 주황색 'F' 버튼을 눌러야 한다. 그 전에, 모든 버튼을 올바른 순서로 한 번씩 눌러야 한다. 버튼을 누르면 그 버튼이 가리키는 지시사항에 따라 다음 버튼을 누른다. 버튼에 적힌 숫자는 그 버튼을 기준으로 몇 칸 떨어져 있는지를, 색은 방향을 나타낸다. 분홍색은 아래쪽, 파란색은 위쪽, 초록색은 왼쪽, 빨간색은 오른쪽을 뜻한다. 예를 들어 분홍색 1 버튼을 누르면 그다음에는 아래쪽으로 한 칸 떨어져 있는 버튼을 눌러야 한다는 의미다. 금고를 열기 위해 첫 번째로 눌러야 하는 버튼은 무엇일까?

2	3	6	3	1	2
5	3	1	3	1	2
2	1	F	3	1	3
4	1	2	2	1	3
5	1	3	1	2	2
2	1	1	5	3	5
1	6	4	1	1	2

삼각형에 있는 숫자와 색의 규칙을 찾아보자. 삼각형의 면과 변에 칠해진 색은 1~9 사이의 숫자 중 하나를 나타낸다. 물음표 자리에 들어갈 숫자는 무엇일까?

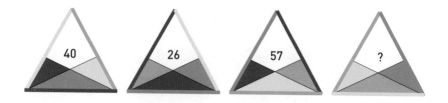

아래 그림의 빈 원 부분을 공으로 채워야 한다. 넣을 공은 맨 아래 준비되어 있다. 이미 들어가 있는 검은 공에는 알파벳 E가 새겨져 있다. 다른 공 역시 알파벳을 나타낸다. 초록색은 M, 노란색은 I, 파란색은 C이다. 이때, 인접한 상하좌우 및 대각선으로 한 칸씩 이동하면서 검은 공에 도착했을 때 'MICE'를 만드는 방법이 총 25가지가 되도록 공을 배치해야 한다. 빈 부분을 어떻게 채워야 할까?

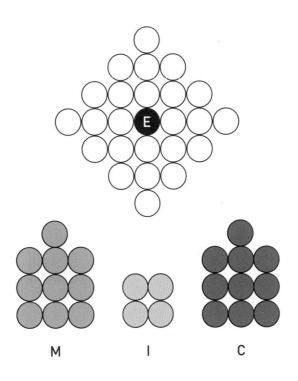

각 칸에 있는 색은 1~9 사이의 숫자 중 하나를 나타낸다. 같은 줄에 있는 칸을 모두 더하면 줄 바깥의 숫자가 나온다. 물음표 자리에 들어갈 숫자는 무엇일까?

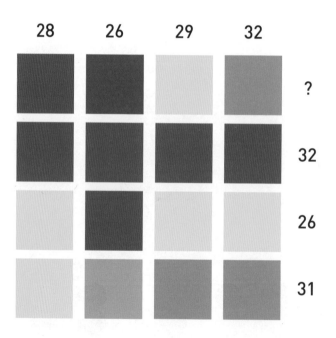

A에서 출발해 B에 도착해야 한다. 이때 분홍색 칸은 밟지 말고 피해서 이동한다. 잘 도착했다면 B에서 A로 다시 돌아와야 한다. 돌아올 때는 하늘색 칸을 피해 이동한다. 경로를 어떻게 그려야 조건에 맞게 길을 왕복할 수 있을까?

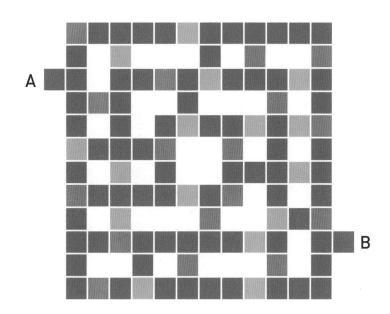

각 원의 색은 숫자를 나타낸다. 주황색 원은 2, 노란색 원은 3, 빨간색 원은 4, 초록색 원은 5, 검은색 원은 -2를 의미한다. 맨 왼쪽 아래 주황색 원에서 출발해 맨 오른쪽 위 주황색 원에 도착해야 한다. 길을 지나면서 만나는 원의 숫자를 모두 더했을 때, 나올 수 있는 가장 큰 값은 보기 A~F 중 어느 것일까?

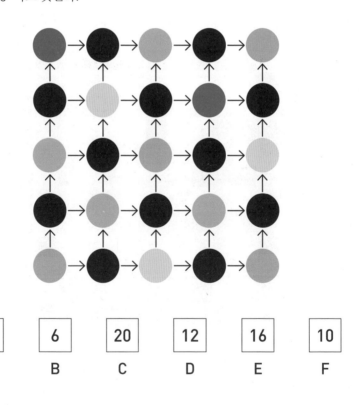

8	6	20	12	16	10
A	B	C	D	E	F

각 색깔은 어떤 숫자를 나타낸다. 아래 수식을 참고해 보자. 노란색은 어떤 숫자일까?

각 칸의 색은 어떤 숫자를 나타낸다. 아래 숫자는 도형에 있는 네 칸의 색을 모두 더한 값이다. 물음표 자리에는 어떤 색을 칠해야 할까?

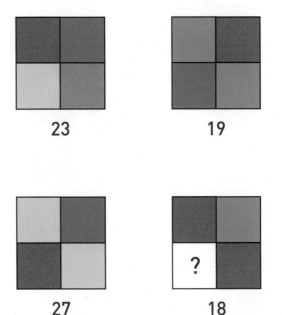

각 칸의 색은 어떤 숫자를 나타낸다. 도형 바깥의 숫자는 그 줄에 있는 칸을 모두 더한 값이다. 물음표 자리에 들어갈 숫자는 보기 A~F 중 어느 것일까?

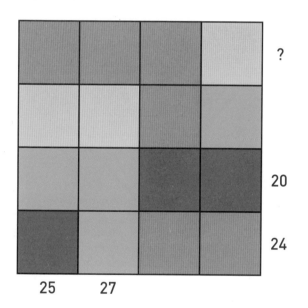

30	31	28	29	26	25
A	B	C	D	E	F

바퀴 안에 원들이 일정한 규칙에 따라 배치되어 있다. 원의 색은 어떤 숫자를 나타낸다. 물음표 자리에 들어갈 원은 무슨 색일까?

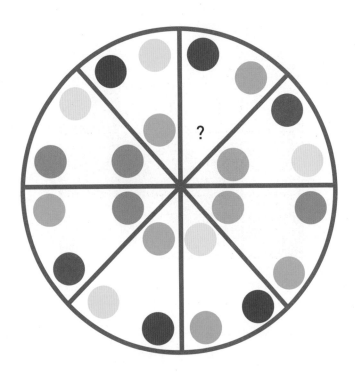

각 칸에 있는 색은 1~9 사이의 숫자 중 하나를 나타낸다. 같은 줄에 있는 칸의 숫자와 색을 더하면 각 줄 바깥에 있는 숫자가 나온다. 물음표 자리에 들어갈 숫자는 무엇일까?

3	4	6	9	7	2	5	8	3	9	?
6	5	2	7	3	4	5	1	2	6	71
3	8	2	1	9	7	8	6	1	3	82
5	4	3	4	1	2	9	8	6	5	85
6	8	9	3	5	4	8	3	6	2	91
4	1	9	8	6	3	2	2	4	5	74
7	6	3	5	2	4	6	8	9	7	93
8	4	6	5	3	6	2	1	3	8	83
9	2	1	4	3	7	8	9	6	3	88
1	3	7	6	4	3	8	6	2	4	77
89	75	77	87	83	86	81	93	67	102	

주어진 숫자 블록을 모두 사용해 빈칸을 채워야 한다. 이때 각 가로줄은
왼쪽부터 한 칸씩 오른쪽으로 이동할 때마다 +3, −2, +3이 되어야 하며,
각 세로줄은 위쪽부터 한 칸씩 아래로 이동할 때마다 −3, +2, −3이 되어
야 한다. 숫자 블록을 어떻게 넣어야 할까?

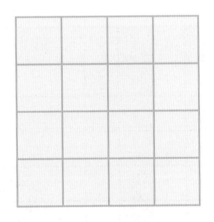

맨 위 17부터 선을 따라 한 칸씩 내려가 마지막 맨 아래 20에 도착해야
한다. 칸을 지나면서 만나는 여섯 숫자를 모두 더했을 때 가장 큰 값은
얼마일까?

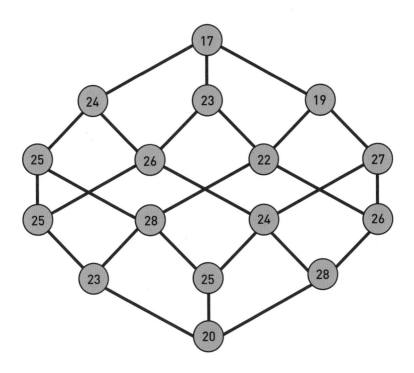

아래 그림들은 각각 0~9 사이의 숫자 중 하나를 나타낸다. 수식을 보고 그림이 의미하는 숫자를 찾아보자. 물음표 자리에 들어갈 그림은 보기 A~J 중 어느 것일까?

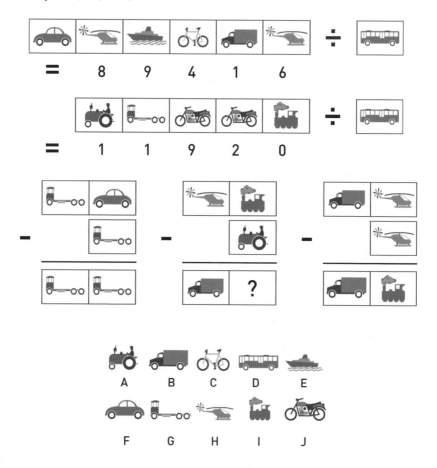

아래 보기 중 하나만 제외하고 모두 같은 정육면체다. 다른 정육면체는 보기 A~F 중 어느 것일까? 단, 정육면체의 여섯 면에는 각각 다른 기호가 그려져 있다.

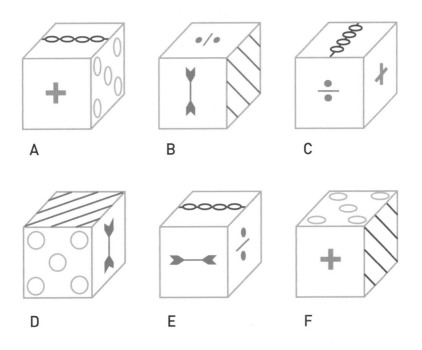

다음 전개도로 만들 수 없는 정육면체는 보기 A~F 중 어느 것일까?

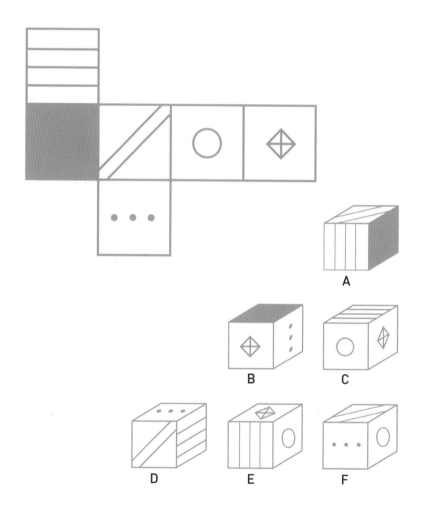

숫자가 일정한 규칙에 따라 배치되어 있다. 물음표 자리에 들어갈 숫자는 무엇일까?

다음 그림에는 코브라가 모두 몇 마리나 있을까?

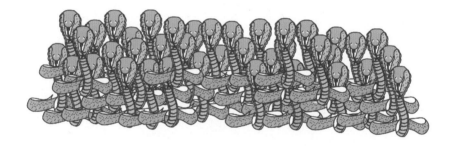

종신형을 선고받고 감옥에 갇힌 죄수가 왕에게 억울하다며 석방을 간청했다. 마음이 약해진 왕은 죄수가 A 감방에서 출발해, 같은 감방에 두 번이상 들어가지 않고 모든 감방을 드나든 다음 A 감방으로 되돌아오면 풀어주겠다고 말했다. 수학에는 약했지만 평소 잔머리가 비상했던 죄수는 머리를 굴리기 시작했다. 경로를 어떻게 지나야 석방될 수 있을까?

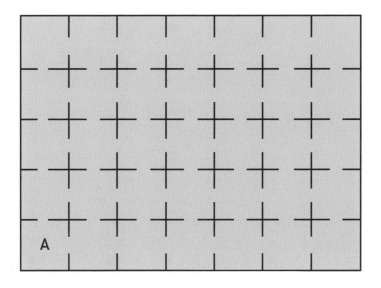

육각형 안에 그림이 일정한 규칙에 따라 나열되어 있다. 빈칸에 들어갈
그림은 보기 A~E 중 어느 것일까?

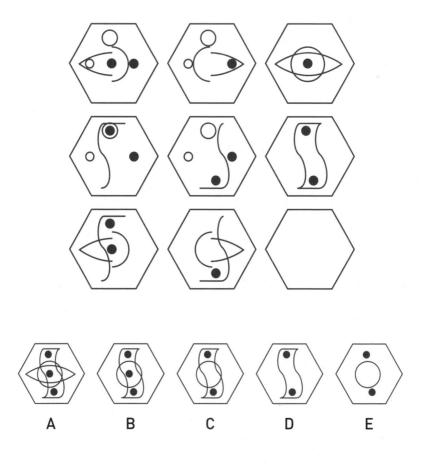

육각형 안에 그림이 일정한 규칙에 따라 나열되어 있다. 물음표 자리에
들어갈 그림은 보기 A~E 중 어느 것일까?

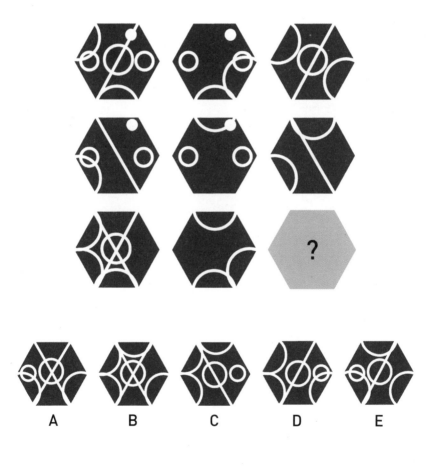

보기 A~E 중 어느 하나만 나머지와 다르다. 다른 도형은 어느 것일까?

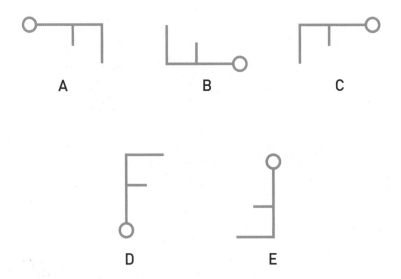

원 안에 도형이 일정한 규칙에 따라 배치되어 있다. 맨 아래 빈 원에 들어갈 도형은 보기 A~F 중 어느 것일까?

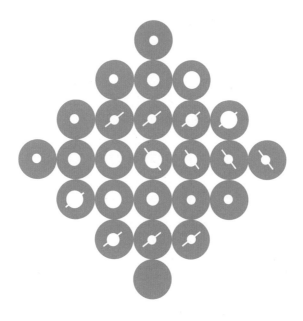

     ○

A   B   C   D   E   F

그림이 일정한 규칙에 따라 나열되어 있다. 물음표 자리에 들어갈 그림
은 보기 A~E 중 어느 것일까?

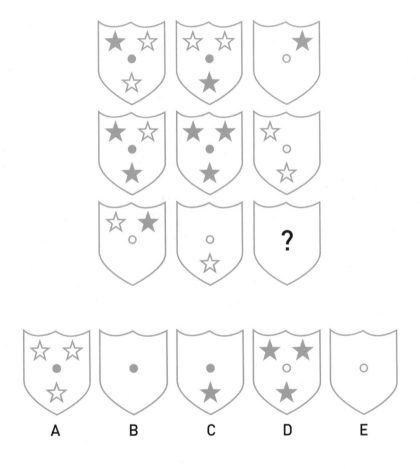

수많은 출발점이 있는 미로가 있다. 미로 가운데에 도착하면 세상에서 가장 값비싼 보석을 가져갈 수 있다. 그러나 출발점 중 보석이 있는 곳과 이어진 길은 하나뿐이다. 어디에서 출발해야 보석을 가져갈 수 있을까?

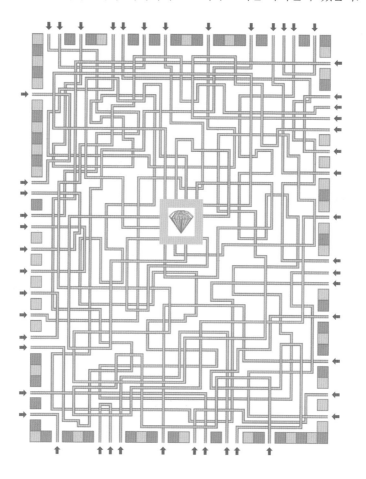

166

숫자가 일정한 규칙에 따라 나열되어 있다. 다음 순서에 나올 숫자는 무엇일까?

11, 24, 39, 416, 525, ?

아래 도형을 모두 붙여 하나로 만들면 어떤 글자가 나타난다. 그 글자는
보기 A~F 중 어느 것일까?

U	W	V	N	B	C
A	B	C	D	E	F

168

아래 표를 각각 똑같은 모양의 조각 6개로 나눠야 한다. 이때 위쪽 표는 한 조각 안의 숫자를 더한 값이 100으로 모두 같아야 하고, 아래쪽 표는 한 조각 안의 숫자를 더한 값이 18로 모두 같아야 한다. 표를 어떻게 나눠야 할까?

18	6	4	30	47	29
45	30	6	18	17	2
1	21	1	42	23	5
3	28	7	17	1	6
44	4	32	43	30	40

6	2	3	4	4	3
3	5	5	2	6	2
5	3	1	3	5	0
2	4	5	3	0	5
3	3	4	6	6	5

 답: 242쪽

아래 그림을 똑같은 모양의 조각 4개로 나눠야 한다. 이때 조각 안에는
각각 원 3개, 삼각형 3개, 마름모 3개씩이 포함되어야 한다. 표를 어떻게
나눠야 할까?

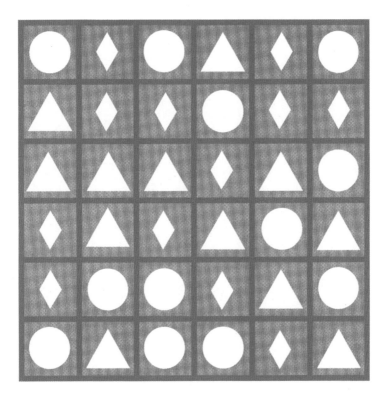

선으로 이어진 36개의 구역이 있다. 숫자는 그 구역에 갔을 때 얻을 수 있는 금화의 개수다. 당신이 방문할 수 있는 구역 수는 제한이 없지만, 한 직선상에 있는 구역 중에서 딱 한 곳만 방문할 수 있다. 얻을 수 있는 가장 많은 금화의 개수는 몇 개일까?

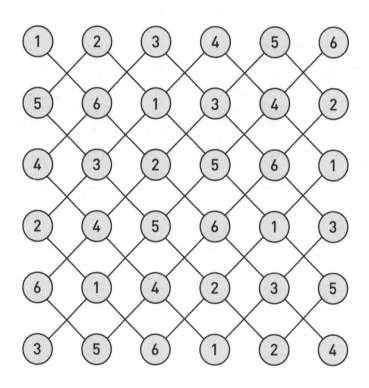

다양한 모양의 원이 일정한 규칙에 따라 배치되어 있다. 맨 위 물음표 자리에 들어갈 원은 보기 A~E 중 어느 것일까?

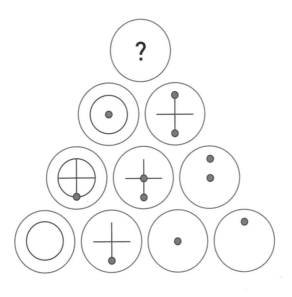

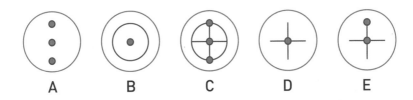

A   B   C   D   E

다음 전개도로 만들 수 있는 정육면체는 보기 A~F 중 어느 것일까?

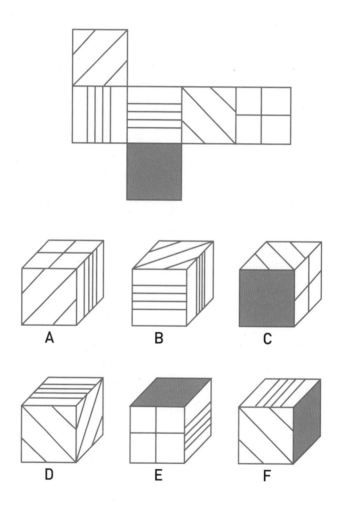

A

B

C

D

E

F

각 가로줄과 세로줄, 대각선에는 같은 모양의 도형이 중복 없이 한 번씩
만 들어간다. 물음표 자리에 들어갈 알맞은 도형은 보기 A~E 중 어느 것
일까?

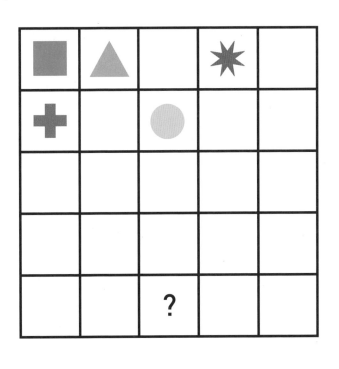

A   B   C   D   E

삼각형의 변이 이루는 규칙을 찾아보자. 각 변의 색깔은 숫자 1~9 중 하나를 나타낸다. 물음표 자리에 들어갈 숫자는 무엇일까?

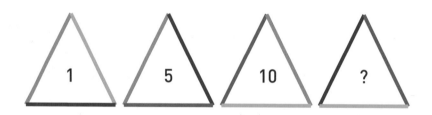

다음 전개도로 만들 수 있는 정육면체는 보기 A~F 중 어느 것일까?

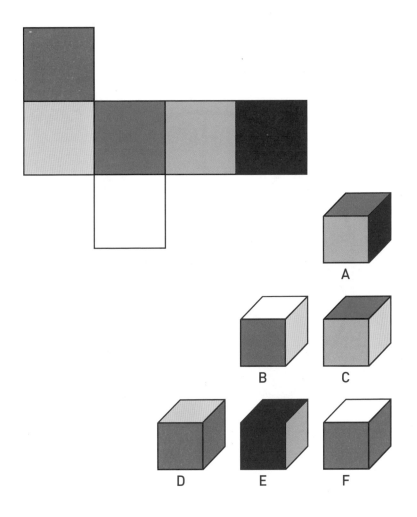

바퀴 안에 원들이 일정한 규칙에 따라 배치되어 있다. 원의 색은 숫자 1~9 중 하나를 나타낸다. 물음표 자리에 들어갈 숫자는 무엇일까?

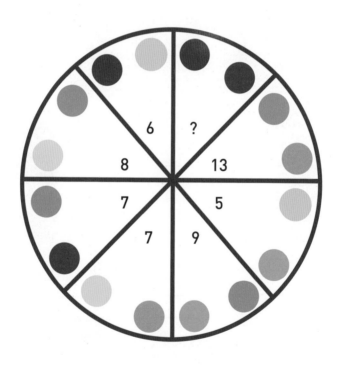

각 칸에 있는 색은 숫자 1~9 중 하나를 나타낸다. 같은 줄에 있는 숫자와 색을 더하면 각 줄 바깥에 있는 숫자가 나온다. 물음표 자리에 들어갈 숫자는 무엇일까?

4	8	3	2	7	5	6	1	9	4	?
2	3	7	6	2	4	1	5	3	7	90
8	7	3	2	4	6	9	1	4	2	101
4	3	6	8	2	9	7	6	8	7	115
3	2	1	6	9	8	8	7	3	4	101
6	2	3	8	4	1	9	7	2	6	104
7	3	4	2	1	9	4	5	3	5	100
6	5	4	3	2	8	4	7	6	1	103
3	5	2	1	8	6	9	4	3	7	106
6	8	7	3	2	4	5	9	5	6	109
103	98	99	100	81	117	121	109	99	107	

맨 왼쪽 아래에 있는 분홍색 원에서 시작해 맨 오른쪽 위에 있는 검은색 원까지 한 칸씩 이동해야 한다. 출발점에서 도착점까지 이동할 때 주황색, 분홍색, 초록색, 노란색 원을 각각 2개씩 지나가는 경로는 모두 몇 가지일까?

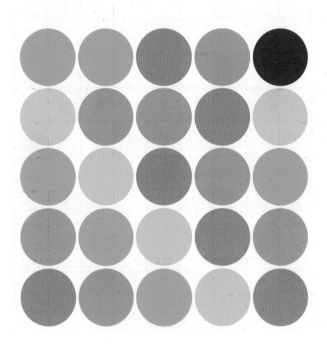

각 조각의 색은 10 미만의 연속하는 세 숫자를 나타낸다. 노란색은 7이며 모든 조각을 더한 값이 50이라고 할 때, 파란색과 초록색이 의미하는 숫자는 각각 무엇일까?

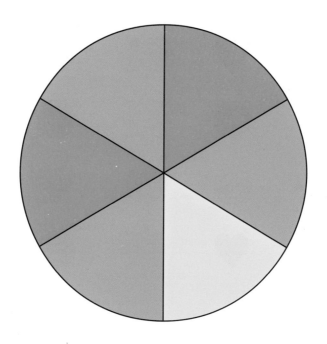

각 도형과 색은 어떤 숫자를 나타낸다. 색은 양수의 자연수, 도형은 음수의 자연수이다. 오른쪽 숫자는 그 줄에 있는 도형과 색을 모두 더한 값이다. 물음표 자리에 들어갈 숫자는 무엇일까?

각 빈칸을 아래에 칠한 다섯 색을 사용해 모두 채워보자. 색을 채울 때 모든 가로줄과 세로줄, 대각선에는 같은 색이 중복해서 들어갈 수 없다. 물음표 자리에 들어갈 색은 보기 A~E 중 무엇일까?

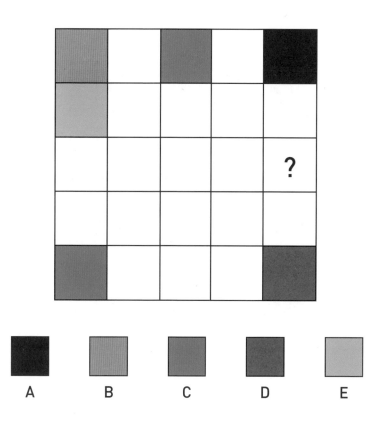

A   B   C   D   E

각 칸의 색은 숫자 1~9 중 하나를 나타낸다. 같은 줄에 있는 칸을 모두 더하면 각 줄 바깥에 있는 숫자가 나온다. 물음표 자리에 들어갈 숫자는 무엇일까?

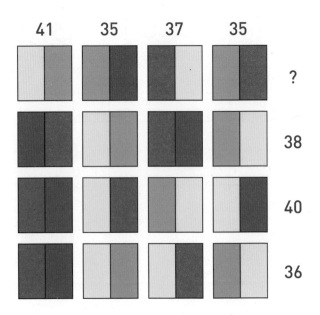

다양한 색깔의 원들이 일정한 규칙에 따라 배치되어 있다. 빈 원에 칠해야 할 색은 보기 A~F 중 어느 것일까?

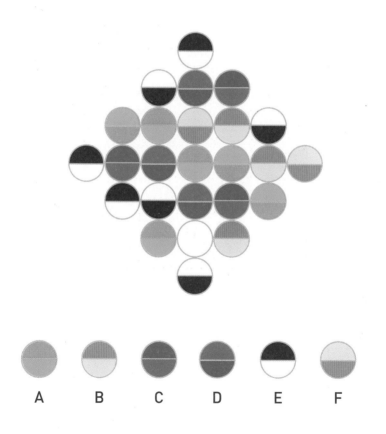

각 칸의 색은 어떤 숫자를 나타낸다. 줄 바깥에 있는 숫자는 그 줄에 있는 칸을 모두 더한 값이다. 물음표 자리에 들어갈 숫자는 보기 A~F 중 어느 것일까?

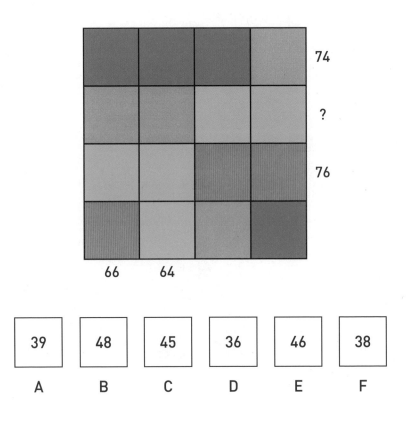

				74
				?
				76
66	64			

39	48	45	36	46	38
A	B	C	D	E	F

바퀴 안에 원들이 일정한 규칙에 따라 배치되어 있다. 원의 색은 숫자 1~9 중 하나를 나타낸다. 물음표 자리에 들어갈 숫자는 무엇일까?

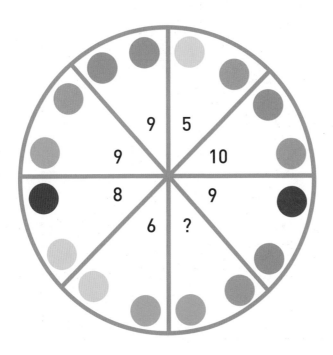

각 칸에 색이 일정한 규칙에 따라 칠해져 있다. 규칙에 따르면, 빈칸에 색을 어떻게 채워야 할까?

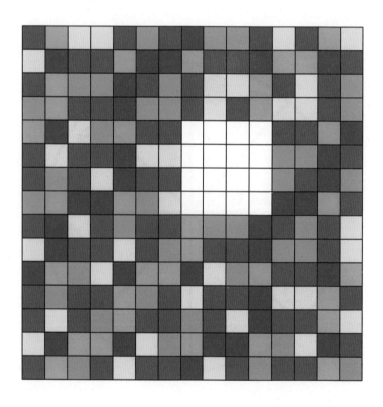

가장 구석에 있는 노란색 칸 4개 중 하나에서 시작해 길을 따라 칸을 4개 더 지날 때까지 이동한다. 각 칸의 색은 숫자를 나타낸다. 분홍색은 2, 노란색은 3, 초록색은 4, 파란색은 5이다. 이동하면서 지나는 5개 칸을 더했을 때, 나올 수 있는 가장 큰 값은 보기 A~F 중 어느 것일까?

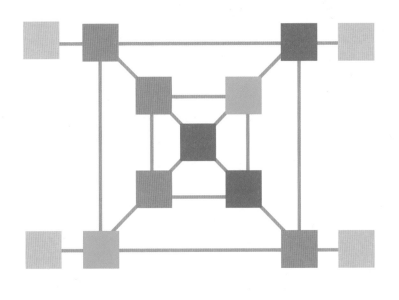

20	15	17	23	19	22
A	B	C	D	E	F

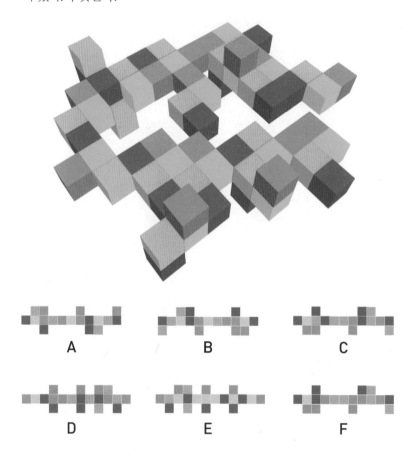

보기 A~F는 아래 구조를 다양한 방향으로 옆에서 바라본 모습을 나타 낸 것이다. 그런데 A~F 중 이 구조를 바라본 모습이 아닌 보기가 세 가 지 있다. 무엇일까?

A

B

C

D

E

F

각 칸의 색은 어떤 숫자를 나타낸다. 줄 바깥에 있는 숫자는 그 줄에 있는 칸을 모두 더한 값이다. 물음표 자리에 들어갈 숫자는 무엇일까?

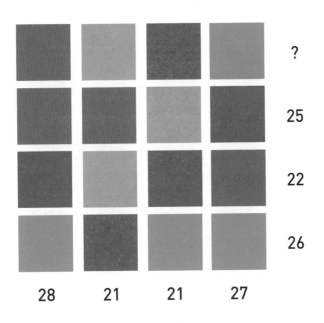

여러 색이 일정한 규칙에 따라 줄 A 또는 줄 B에 정렬되어 있다. 규칙에 따르면, 흰색은 줄 A와 B 중 어느 곳에 배치해야 할까?

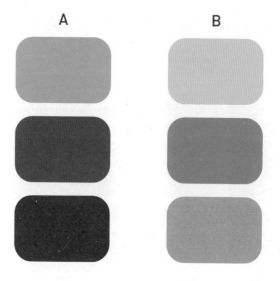

아래 그림의 빈 원 부분을 공으로 채워야 한다. 넣을 공은 맨 아래 준비되어 있다. 이미 들어가 있는 검은 공에는 알파벳 W가 새겨져 있다. 다른 공 역시 알파벳을 나타낸다. 빨간색은 S, 파란색은 I, 노란색은 E이다. 이때, 검은 공에서 시작해 인접한 상하좌우 및 대각선으로 한 칸씩 이동하면서 'WISE'를 만드는 방법이 총 21가지가 되도록 공을 배치해야 한다. 빈 부분을 어떻게 채워야 할까?

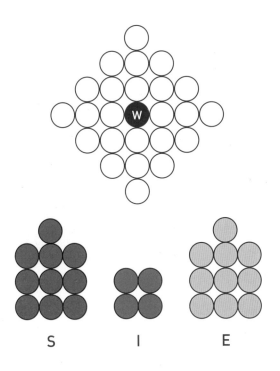

S   I   E

각 칸의 색은 어떤 숫자를 나타낸다. 줄 바깥에 있는 숫자는 그 줄에 있는 칸을 모두 더한 값이다. 물음표 자리에 들어갈 숫자는 무엇일까?

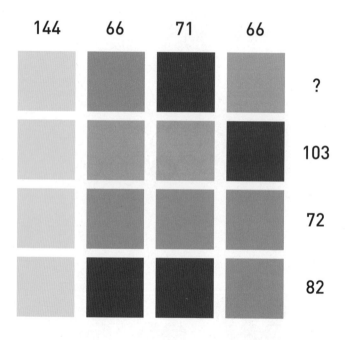

다음 전개도로 만들 수 있는 정육면체는 보기 A~F 중 어느 것일까?

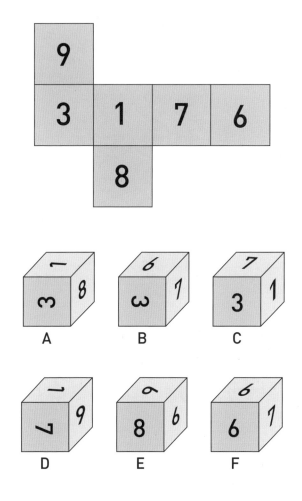

화살표가 일정한 규칙에 따라 배치되어 있다. 빈 원 안에 들어갈 화살표
는 보기 A~F 중 어느 것일까?

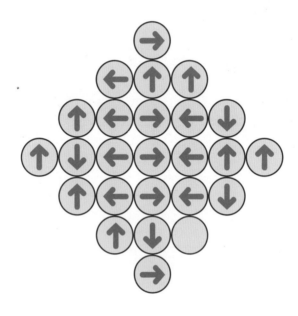

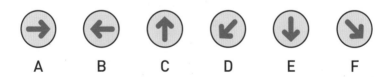

A   B   C   D   E   F

빈 원에 숫자 0~8을 하나씩 넣어보자. 각 숫자는 선으로 연결된 숫자를 모두 더했을 때 일정한 값을 가져야 한다. 아래 수식은 숫자별로 정해진 값을 나타낸다. 예를 들어 5와 연결된 원은 하나인데 5=7이므로 이 원에는 7이 들어가야 한다. 구체적인 예시는 박스를 참고하자. 빈 원에는 각각 어떤 숫자가 들어가야 할까?

0=16, 1=13, 2=6, 3=0, 4=6, 5=7, 6=7, 7=14, 8=7

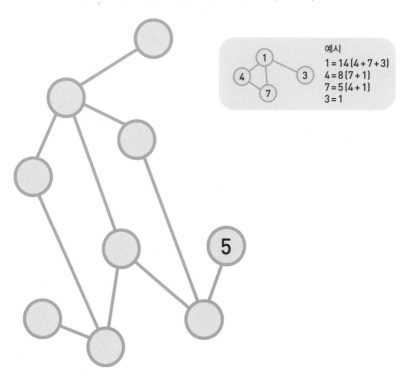

예시
1=14(4+7+3)
4=8(7+1)
7=5(4+1)
3=1

독특한 금고가 있다. 금고를 열려면 마지막에 'F' 버튼을 눌러야 한다. 그 전에, 모든 버튼을 올바른 순서로 한 번씩 눌러야 한다. 버튼을 누르면 그 버튼이 가리키는 지시사항에 따라 다음 버튼을 누른다. 버튼에 적힌 숫자는 그 버튼을 기준으로 몇 칸 떨어져 있는지를, 알파벳은 방향(UP&DOWN, LEFT&RIGHT)의 첫 글자를 나타낸다. 예를 들어 3R 버튼을 누르면 그다음에는 오른쪽으로 세 칸 떨어져 있는 버튼을 눌러야 한다는 의미다. 칸 바깥의 숫자와 알파벳은 칸의 위치(좌표)를 나타낸다. 금고를 열기위해 첫 번째로 눌러야 하는 버튼의 위치는 보기 A~F 중 어느 것일까?

	A	B	C	D	E	F
1	1R	3D	1R	4D	5D	1L
2	2D	3R	1R	2D	4L	4L
3	F	1R	2U	2L	4L	2U
4	1D	4R	2D	1U	2L	2D
5	5R	1D	1L	1R	1U	2U
6	5U	2R	1U	3L	3U	4U

6B	2C	6D	3E	2F	4A
A	B	C	D	E	F

왼쪽 박스가 오른쪽과 같이 바뀔 때, 각 빈칸에 들어갈 숫자는 무엇일까?

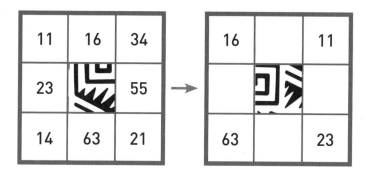

빈칸에 주어진 숫자 블록을 넣어보자. 모든 빈칸이 채워지면 각 가로줄과 세로줄, 가장 긴 대각선에 있는 숫자의 합은 모두 175가 된다. 숫자 블록은 뒤집거나 회전할 수 없으며 지금 놓인 모양 그대로 사용해야 한다. 숫자 블록을 어떻게 넣어야 할까?

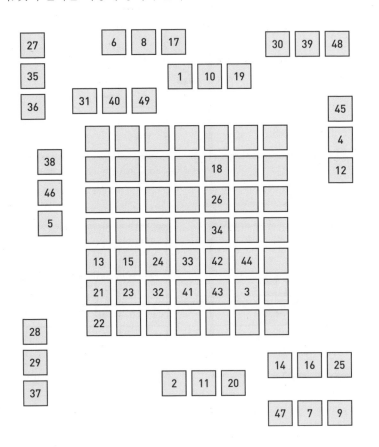

아래 숫자에서, 바로 뒤에 홀수가 이어지는 짝수만 고른 다음 그 개수를
5로 곱한 값은 얼마일까?

4 7 8 5 3 1 9 7 8 4 4 7 8 9 2 3

세 소년의 주머니에는 각각 한 종류씩의 동전이 있다. 첫 번째 소년은 5센트짜리, 두 번째 소년은 10센트짜리, 세 번째 소년은 50센트짜리 동전들을 가지고 있다. 소년들은 이 동전을 모두 똑같이 나눠 갖기로 하고, 동전을 교환하기 시작했다. 교환이 끝나자 세 소년에게는 각각 180센트씩이 남아 있었고, 각 소년은 다른 두 소년에게 원래 갖고 있던 동전을 두 개씩 준 셈이 되었다. 소년들이 처음에 가지고 있던 동전은 각각 몇 개였을까?

001

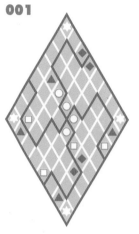

002 E

| 11 | + | 3 | + | 7 | = | 21 |

003

004 A : 24, B : 3

가운데 숫자로 곱하거나, 나누거나, 빼면 마주 보는 숫자가 나온다.

A

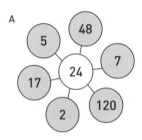

B

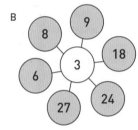

005 157개

<table>
<tr><td></td><td>1</td><td>2</td><td>3</td><td>4</td><td></td></tr>
<tr><td>5</td><td>6</td><td>7</td><td>8</td><td>9</td><td>10</td><td>11</td><td>12</td><td>13</td><td>14</td></tr>
<tr><td>15</td><td>16</td><td>17</td><td>18</td><td>19</td><td>20</td><td>21</td><td>22</td><td>23</td><td>24</td><td>25</td></tr>
<tr><td>26</td><td>27</td><td>28</td><td>29</td><td>30</td><td>31</td><td>32</td><td>33</td><td>34</td><td>35</td><td>36</td><td>37</td></tr>
<tr><td>38</td><td>39</td><td>40</td><td>41</td><td></td><td>42</td><td>43</td><td>44</td><td>45</td></tr>
<tr><td>46</td><td>47</td><td>48</td><td></td><td>49</td><td>50</td></tr>
<tr><td>51</td><td>52</td><td>53</td><td>54</td><td>55</td><td>56</td><td>57</td><td>58</td><td>59</td></tr>
<tr><td>60</td><td>61</td><td>62</td><td>63</td><td>64</td><td>65</td><td>66</td><td>67</td><td>68</td><td>69</td><td>70</td></tr>
<tr><td>71</td><td>72</td><td>73</td><td>74</td><td>75</td><td>76</td><td>77</td><td>78</td><td>79</td><td>80</td><td>81</td></tr>
<tr><td>82</td><td>83</td><td>84</td><td>85</td><td>86</td><td>87</td><td>88</td><td>89</td><td>90</td><td>91</td><td>92</td><td>93</td></tr>
<tr><td>94</td><td>95</td><td>96</td><td>97</td><td>98</td><td>99</td><td>100</td><td>101</td><td>102</td><td>103</td><td>104</td></tr>
<tr><td>105</td><td>106</td><td>107</td><td>108</td><td>109</td><td>110</td><td>111</td><td>112</td><td>113</td><td>114</td></tr>
<tr><td>115</td><td></td><td>116</td></tr>
<tr><td>117</td><td>118</td><td>119</td><td>120</td><td>121</td><td>122</td><td>123</td><td>124</td></tr>
<tr><td>125</td><td>126</td><td>127</td><td>128</td></tr>
<tr><td>129</td><td>130</td><td>131</td><td>132</td><td>133</td><td>134</td></tr>
<tr><td>135</td><td>136</td><td>137</td><td>138</td><td>139</td><td>140</td><td>141</td></tr>
<tr><td>142</td><td>143</td><td>144</td><td>145</td><td>146</td><td>147</td><td>148</td><td>149</td></tr>
<tr><td>150</td><td>151</td><td>152</td><td>153</td><td>154</td><td>155</td><td>156</td><td>157</td></tr>
</table>

006 F

3R	4D	2L	2L	2D
3R	3R	3D	2L	2D
1R	1D	F	3L	2L
2U	1L	3U	1U	2L
4R	1L	1R	1U	4U

007 E

삼각형은 줄 끝으로 이동한다. 줄 끝에
이르면 회전해 다음 줄로 이동한다.

008 따로 움직인다.

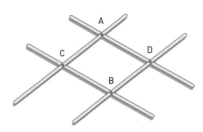

009 C

010 두 번째 가로줄, 첫 번째 세로
줄의 3D

3R	2D	4D	1L	3D
3D	3D	1R	2L	1U
1D	1L	OPEN	1R	2D
3U	1R	2U	1U	3L
3R	4U	2U	1U	3U

011 B

숫자는 알파벳의 순서를 나타낸다.

G	7
M	13
U	21
J	10
W	23

012　D와 E

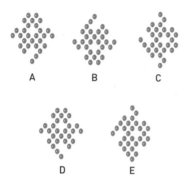

A　　　B　　　C

D　　　　E

013　E

원이 자리를 모두 채워 원이 더 들어갈 자리가 없을 때 선이 추가되는 규칙이다.

E

014　C

도형에 직각이 하나씩 늘어나는 규칙이다.

015　E

마주 보는 조각의 색이 서로 반전되어 있다.

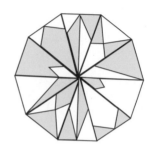

016

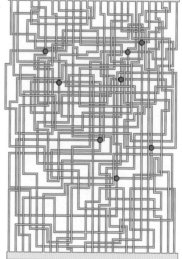

017

018

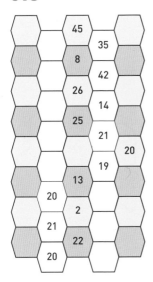

019 E

020 17개

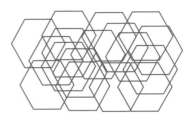

021 버밍엄 (Birmingham)

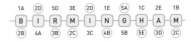

022 C

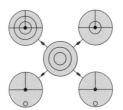

023 A

024 D

완성된 박스는 같은 순서인 가로줄과 세로줄의 숫자 배열이 같다.

3	2	3	3	2
2	2	3	2	2
3	3	2	3	2
3	2	3	2	2
2	2	2	2	3

025 1시 9분 9초

026 48

아래쪽 모서리에 있는 두 숫자를 더한 값을 맨 위 모서리에 있는 숫자로 곱한 다. 따라서 물음표 자리에 들어갈 숫자 는 (2+6)×6=480이다.

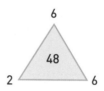

027 만약 8번 부스가 고장나지 않았다면, 전임자는 1~7번 중 5개 부스를 수리해야 한다고 말했을 것이다.

028

아래 그림의 경로를 따라 이동하면 뱀을 총 17마리 데려올 수 있다.

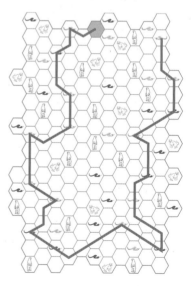

029 F

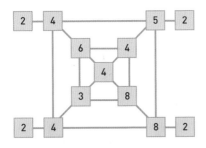

030 24가지

각 카드를 왼쪽 위에 놓았을 때 카드가
배열되는 경우의 수가 6가지씩 있다.

031

9	1	4	6	3
1	2	5	3	1
4	5	8	0	2
6	3	0	9	6
3	1	2	6	7

032 A

육각형의 각 변에서 나온 삼각형이 점
점 커진다. 따라서 네 번째 순서에는 반

대쪽 변에 닿는 크기의 삼각형이 배치
된 그림이어야 한다.

033 B

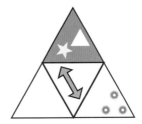

034 네 번째 가로줄, 네 번째 세로
줄의 2U

035 A와 J

A   J

036 하키(Hockey), 가라테(Karate), 테니스(Tennis)

037 C

같은 방향에 있는 안쪽 조각과 바깥쪽 조각의 합은 10으로 모두 같다.

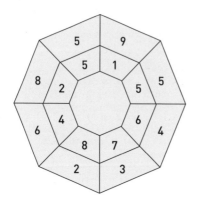

038 13

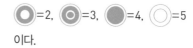

이다.

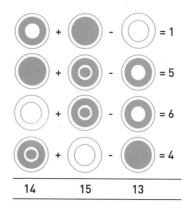

| 14 | 15 | 13 |

039 알프가 진범이다.

잭이 진범이라면 알프와 짐의 말이 진실이다.

시드가 진범이라면 잭, 알프, 짐의 말이 진실이다.

짐이 진범이라면 시드와 알프의 말이 진실이다.

따라서 알프가 진범이며, 짐만이 진실을 이야기하고 있다.

040 A

숫자는 알파벳의 순서를 나타낸다.

C	3	14	N
Y	25	12	L
F	6	19	P
U	21	16	P
O	15	4	D

041 2519명

테이블당 3명을 앉히면 테이블은 839개 필요하고 2명이 남는다.

테이블당 5명을 앉히면 테이블은 503개 필요하고 4명이 남는다.

테이블당 7명을 앉히면 테이블은 359개 필요하고 6명이 남는다.

테이블당 9명을 앉히면 테이블은 279개 필요하고 8명이 남는다.

테이블당 11명씩 앉히면 테이블은 229개 필요하다.

042

아래 경로를 따라 이동하면 가장 적은 값인 8을 지불할 수 있다.

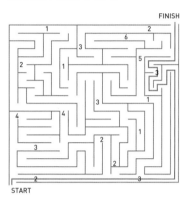

043 E

044 C

045

네 번째 가로줄, 다섯 번째 세로줄이 교차하는 곳에서 만나면 된다.

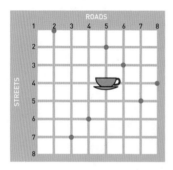

046 B

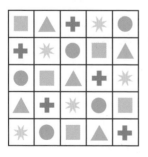

047 B

아랫줄에 있는 도형은 그 윗줄 도형을 세로축으로 거울에 비춘 모습이다. 따라서 물음표 자리에는 윗줄과 똑같은 모습의 도형이 들어간다.

048

```
T O P P O T A T T O T P O P O
O A A T O P A T O T A O P O T
P A P O T T P O T A T T O O A
T A P T O T O T O P O O A T T
O T O P A O T P P T P T P O A
O P A T O P A O A O T A T A P
A P O A P O T P T P T A T P T
T P A P A A P T O P T T O T A
O O O A T T A A O O P T A A T
T T O O A O T T O P O T A P O
O A T P T P T P A O T O T A P
P O O T A A P A T T O A A P O
 P T A T T T P O P O T T T T
O T A O O P T O P A T P O O O
O P P O T A T T A P A T P E P
```

049 15 : 03

050 E

4D	3R	3D	2R	4L	3L
3R	3R	1L	3D	1D	5L
1R	2D	1U	1L	4L	1D
1R	2R	1D	1U	4L	2U
4R	4U	F	4U	1R	2U

051 A

각 가로줄의 세 번째 도형은 첫 번째와 두 번째 도형을 결합한 것이다. 결합하는 규칙은 다음과 같다.

 1) 같은 위치에 흰색 원이 두 개 있으면 검은색이 된다.

 2) 같은 위치에 검은색 원이 두 개 있으면 흰색이 된다.

 3) 같은 위치에 다른 원이 없으면 그대로 이동한다.

052 스펜서가 샘보다 6그루 더 가지치기했다.

053 A

054

각 색깔을 알파벳 순서대로 정렬한다. 순서는 검은색(black), 파란색(blue), 갈색(brown), 초록색(green), 주황색(orange), 분홍색(pink), 보라색(purple), 빨간색(red), 노란색(yellow)이 된다.

055 D

방향은 위에서 아래로, 왼쪽에서 오른쪽으로 이어진다. 색깔은 빨간색, 파란색, 초록색, 검은색 원의 순서가 반복된다.

056 14

╱=2, ╱=3, ╱=5, ╱=6을 나타낸다. 모든 변의 숫자를 더하면 삼각형 안에 있는 숫자가 나온다.

057

058

- ● – CHEESE (블루 치즈. Blue Cheese)
- ● – BOARD (칠판. Blackboard)
- ● – PROSE (미사여구. Purple Prose)
- ● – JUICE (오렌지 주스. Orange Juice)
- ● – GIN (핑크 진. Pink Gin)
- ○ – HOUSE (백악관. White House)

059

각 색깔을 나타내는 영단어의 알파벳을 순서에 따라 숫자로 바꾸고, 그 숫자를 모두 더한다. 예를 들어 빨간색은 r(18)+e(5)+d(4)=27이다. 이 값이 작은 순서대로 배열하면 순서는 빨간색(red), 파란색(blue), 초록색(green), 분홍색(pink), 주황색(orange), 갈색(brown), 보라색(purple), 노란색(yellow)이 된다.

060 141

■=2, ■=4, ■=7, ▨=9이다. 한 칸에 있는 두 색을 곱한 뒤 같은 줄에 있는 칸끼리 더한다.

061 54

▨=3, ▨=4, ▨=5, ▨=6, ▨=(-2), ▨=(-4)이다. 각 줄에 있는 숫자와 색을 모두 더한다.

062 F

063 2

●=1, ●=2, ●=3, ●=4, ●=5, ●=6이다. 각 조각에 있는 두 색 중 큰 값에서 작은 값을 뺀 다음, 그 숫자를 시계 방향으로 다음 조각에 넣는다.

064 직선 위에 배치한다.

선 위쪽에는 영어 명칭이 5글자 이하인 색이, 선 아래쪽에는 6글자 이상인 색이 배치되는 규칙이다. 검은색은 영어로 black이므로 선 위쪽에 배치해야 한다.

065

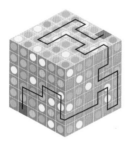

066 세 번째 가로줄, 세 번째 세로줄의 분홍색 2

067 10

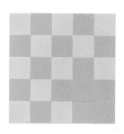 =2, =3, =5, =6이다. 모든 변의 숫자를 더하면 삼각형 안에 있는 숫자가 나온다.

068 7가지

069 2940

각 색깔을 나타내는 영어 단어를 알파벳 순서에 따라 숫자로 바꾸고 모두 더한다. 짝을 이룬 두 색을 서로 곱하면 왼쪽에 있는 숫자가 나온다.

070

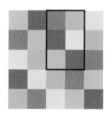

071

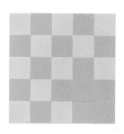

어떤 한 칸을 둘러싼 칸 중 더 많은 색이 있다면 그 칸은 해당 색으로 바뀐다.

만약 둘러싼 칸 중 더 많은 색을 고를
수 없다면 그 칸은 주황색이 된다.

072 D

073 19

= 3, ■ = 4, ■ = 5, ■ = 7이다.

074 350

각 색깔을 나타내는 영어 단어를 알파
벳 순서에 따라 숫자로 바꾸고 모두 더
하면 아래쪽 숫자가 나온다.

075 E

076 2

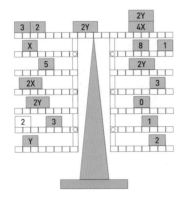

077 B

분침은 10분씩, 시침은 1시간씩 흐른
다.

078 2명

1) 189명 중 남성은 140명이므로 여성
은 49명이다. 49명의 여성이 모두 안
경을 썼다고 가정하면, 안경을 쓴 사람
이 70명이므로 안경을 쓴 남성은 21명
이다.

2) 20세 미만인 회원 11명이 모두 안경
을 쓴 남성이라고 가정하면, 20세 이상
이고 안경을 쓴 남성 회원은 10명이다.

3) 클럽에 등록한 지 3년이 되지 않은 8
명 모두가 20세 이상의 안경을 쓴 남성
회원이라고 가정하면, 클럽에 등록한
지 3년이 넘었고, 20세 이상이며 안경
을 쓴 남성 회원은 2명이 남는다.

079 B

각 가로줄에 있는 왼쪽과 오른쪽 도형을 결합해 가운데에 넣는다. 두 도형을 결합할 때 겹치는 선은 사라진다.

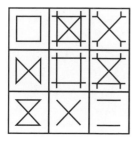

080 C

맨 오른쪽 위 칸부터 일정한 도형 배치가 5칸마다 반복된다. 이때 5칸마다 도형의 종류가 바뀐다.

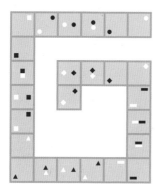

081 C

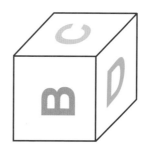

082

5	1	9	9	★	1	2	6	★	2	8	0	1
3	★	★	9	3	2	★	4	2	1	★	★	1
6	2	8	9	★	7	3	8	★	1	3	6	6
2	★	2	8	0	3	★	4	1	9	0	★	3
9	★	2	★	★	5	★	3	★	★	0	★	5
3	4	8	5	★	★	★	★	★	4	2	2	7
★	9	★	9	1	2	4	9	1	4	★	0	★
1	2	3	3	4	★	1	★	5	3	8	0	2
★	6	★	6	★	1	4	9	★	6	★	9	★
5	6	1	8	2	★	3	★	1	2	3	0	4
★	0	★	0	6	9	3	8	7	8	★	0	★
9	★	5	★	1	★	8	★	1	★	6	★	5
8	6	4	★	1	2	3	4	5	★	1	1	8
1	★	2	3	4	5	★	2	1	3	3	★	6
9	7	8	3	★	★	★	★	★	9	2	7	7
2	★	2	★	★	2	1	★	★	1	★	1	1
1	★	9	1	3	4	★	5	6	6	0	★	3
6	3	2	1	★	9	8	7	★	3	4	8	2
0	★	★	7	6	9	★	8	2	3	★	★	2
3	4	5	8	★	1	9	7	★	4	6	5	6

083 C

가능한 경우의 수는 다음과 같다.

50 / 35 / 0 / 0

50 / 20 / 15 / 0

45 / 40 / 0 / 0

45 / 25 / 15 / 0

45 / 20 / 20 / 0

40 / 25 / 20 / 0

40 / 15 / 15 / 15

35 / 25 / 25 / 0

35 / 20 / 15 / 15

35 / 35 / 15 / 0

25 / 25 / 20 / 15

25 / 20 / 20 / 20

086

084 D

세 정사각형을 겹쳤을 때 삼각형 4개가
만들어지는 보기는 D뿐이다.

087 C

맨 왼쪽 위부터 오른쪽으로 7개 도형
이 반복된다. 단, 색깔은 무작위로 바뀌
며 줄이 바뀔 때마다 시작 도형이 달라
진다.

085 B

다음 순서로 이동할 때 그 이전 순서에
서 새로 그은 곡선 끝점에 곡선 2개가
연이어 추가된다. 이때 마지막 선이 향

088

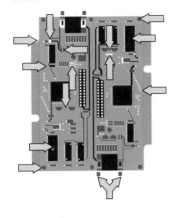

089 로코코(Rococo), 루바토 (Rubato), 소나타(Sonata), 음색 (Timbre)

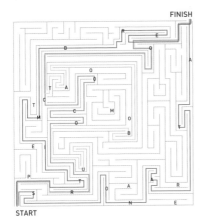

090 |

도형은 숫자 2, 3, 4, 5를 거울에 비춘 모습이다. 따라서 다음 차례에는 원래 2 왼쪽에 있어야 할 숫자의 거울상 도형이 와야 한다. 따라서 두 막대가 세로로 늘어선 도형(숫자 1)이 올 것이다.

091

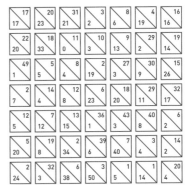

092 E

같은 줄에 있는 두 알파벳을 순서를 나
타내는 숫자로 바꾼다.(A=1, B=2,…,
Z=26) 큰 값에서 작은 값을 빼 가운데
에 넣는다.

A	1	B
D	7	K
Q	2	O
R	2	T
Z	23	C

093 C

094 C

각 가로줄과 세로줄에는 주황색 칸과
초록색 칸이 2개씩 배치되어 있다.

095 C

096 27

╱=2, ╱=3, ╱=4, ╱=6이다.

각 변의 색의 값을 모두 곱한 값에서 삼
각형 안쪽 면을 모두 더한 값을 빼면 삼
각형 가운데 숫자가 나온다.

097 위쪽

각 색의 영어 명칭에서 e가 있으면 위
쪽, e가 없으면 아래쪽을 향하는 규칙
이다.

098 B

■=4, ■=7, ■=80이다.

099 C

100 14

╱=3, ╱=4, ╱=5, ╱=6이다.
각 변의 색의 값을 모두 더해 바로 옆에
있는 삼각형 가운데에 넣는다.

101

102 D

103 24

 = 3, ▢ = 4, ▢ = 6, ▢ = 8이다.

106

104 E

사각형은 원, 원은 삼각형, 삼각형은 사각형이 된다. 위치는 바뀌지 않는다.

107 28

▢ = 2, ▢ = 3, ▢ = 5, ▢ = 6이다.

108

105 127

색의 영어 철자를 알파벳 순서에 따라 숫자로 바꿔 모두 더한다. 단, 숫자는 역순(Z=1, Y=2, ⋯ A=26)이다. 불규칙한 폭발체 도형의 색은 음수가 된다.

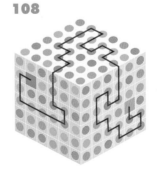

109

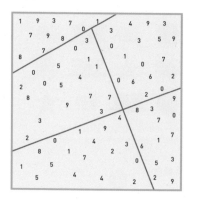

110 D

111 J : 4, N : 6

검은 칸이 오른쪽부터 위 또는 아래로 이동한다. 단, 이전에 같은 배치 형태가 있을 경우 순서에서 생략한다.

112 25분

집에 평소보다 10분 일찍 도착했다고 했으므로 둘은 평소보다 5분이 빠른 6시 25분에 만났으며, 정현이는 6시에 걷기 시작했으므로 25분을 걸었다.

113 E

두 도형을 결합하고 겹치는 선은 모두 제거한다.

114 D

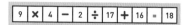

115 722미터

경계면을 고려하지 않은 자갈길의 전체 넓이는 38×38=1,444미터다. 길의 너비가 2미터이므로 길이는 1,444÷2=722미터이다.

116

117 1009315742

맨 위 가로줄부터 색을 칠한 칸이 나올 때까지 만나는 흰 칸의 개수를 나열하는 규칙이다. 이때 개수를 세는 방향은 줄이 바뀔 때마다 반대가 된다. 예를 들어 첫 번째 가로줄에서는 왼쪽부터 색을 칠한 칸이 나올 때까지 흰 칸의 개수를 세고, 두 번째 가로줄에서는 오른쪽부터 세는 식이다. 모든 줄에서 같은 규칙으로 개수를 센 다음 그 숫자를 나열한다.

118 C

각 가로줄과 세로줄의 합은 24로 모두 같다.

119 A

분침은 10분, 20분, 30분…과 같이 10분씩 더해 가며 뒤로 돌아간다. 시침은 1시간, 2시간, 3시간…과 같이 1시간씩 더해 가며 앞으로 간다.

120

22	21	13	5	46	38	30
31	23	15	14	6	47	39
40	32	24	16	8	7	48
49	41	33	25	17	9	1
2	43	42	34	26	18	10
11	3	44	36	35	27	19
20	12	4	45	37	29	28

121 3A

한가운데 흰 원이 사라졌다.

122 55개

5×5 정사각형 1개, 4×4 정사각형 4개, 3×3 정사각형 9개, 2×2 정사각형 16개, 1×1 정사각형 25개를 모두 더해 55개의 정사각형이 있다.

123 B

A: 24, B: 40, C: 20, D: 32

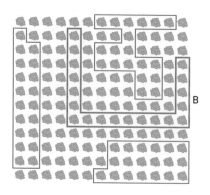

126

10	1	-8	39	30	21	12
2	-7	33	31	22	13	11
-6	34	32	23	14	5	3
35	26	24	15	6	4	-5
27	25	16	7	-2	-4	36
19	17	8	-1	-3	37	28
18	9	0	-9	38	29	20

127 31마리

124 B

A-F, C-D, E-G가 각각 똑같은 모양으로 짝을 이룬다.

128 A

같은 도형을 반대 방향으로 접은 모습이다.

125 F

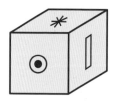

129 D

도형의 위치는 세로축을 기준으로 대칭을 이룬다. 1시 방향에 있는 조각부터 시계 방향으로 선이 하나씩 추가된다.

130 C

도형이 시계 방향으로 90도씩 회전한다. 이때 검은색 역시 시계 방향으로 한 도형씩 이동하며 채워진다.

131 D

아래쪽에 인접한 두 원을 결합해 위쪽 원을 만든다. 결합할 때 겹치는 부분은 모두 제거한다.

132 8

같은 직선상에 있는 세 숫자를 더하면 모두 20이 된다.

133 1가지

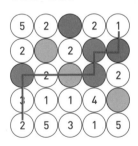

134 17

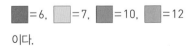 =6, =7, =10, =12 이다.

135 두 번째 줄

첫 번째 줄에 있는 색(검은색 또는 검정색, 빨간색 또는 붉은색, 흰색 또는 하얀색)은 우리말 명칭이 있고, 두 번째 줄에 있는 색(주황색, 초록색 또는 녹색, 보라색)은 한자이다. 따라서 분홍색은 두 번째 줄에 들어가야 한다.

136 A

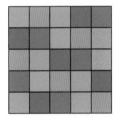

137

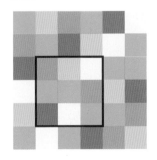

상하, 좌우로 반전한다.

138

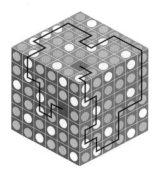

139

맨 왼쪽 위부터 주황, 노랑, 분홍, 빨강, 초록이 시계 방향으로 가운데를 향해 반복된다.

140

도형에 칠한 색의 영어 철자에 따라 도형의 꼭짓점 개수가 정해진다. 빨간색(red)은 삼각형(3개)이어야 한다.

141 세 번째 가로줄, 두 번째 세로줄의 분홍색 1

142 77

/=3, /=4, /=6, /=9이다.

각 삼각형의 왼쪽 변과 오른쪽 변을 더한 다음 밑변과 곱한다. 이 값을 A라 하자. 그리고 삼각형 안의 양쪽 면을 더한 값에서 아래쪽 면을 뺀다. 이 값을 B라 하자. A에서 B를 뺀 값을 삼각형 가운데에 넣는다.

143

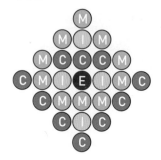

144 26

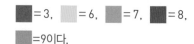

■=3, ▨=6, ▨=7, ▨=8, ▨=9이다.

145

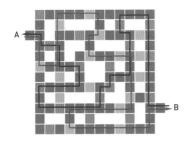

146 F

147 7

148 노란색

=3, =4, =7, =9이다.

149 D

=4, =6, =7, =8이다.

150 노란색

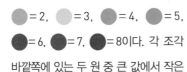=2, =3, =4, =5,
=6, =7, =8이다. 각 조각
바깥쪽에 있는 두 원 중 큰 값에서 작은

값을 뺀다. 그 결과에 해당하는 색을 시
계 방향으로 다음 조각 안쪽에 넣는다.

151 96

=2, =3, =4, =5이다.

152

7	10	8	11
4	7	5	8
6	9	7	10
3	6	4	7

153 139

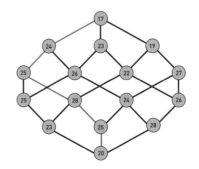

154 H

각 그림이 나타내는 숫자는 다음과 같다.

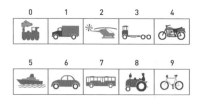

155 D

156 D

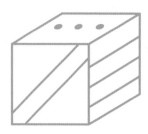

157 24

가장 왼쪽과 오른쪽 숫자, 왼쪽 위와 오른쪽 아래 숫자, 오른쪽 위와 왼쪽 아래 숫자를 각각 뺀다. 빼서 나온 세 숫자를 더해 육각형 가운데에 넣는다.

30-20=10, 28-21=7, 14-7=7이므로 세 숫자를 모두 더하면 10+7+7=24가 된다.

158 39마리

159

죄수는 감방 B를 지날 때 감방 C의 문을 열고 발만 딛은 뒤 모든 감방을 차례차례 지나 A 감방에 도착했다.

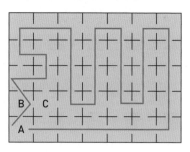

160 A

각 가로줄과 세로줄에서 왼쪽 또는 위쪽부터 두 원을 결합하면 마지막 도형이 나온다. 이때 겹치는 선은 모두 제거한다.

161 B

각 가로줄과 세로줄에서 왼쪽 또는 위쪽부터 두 원을 결합하면 마지막 도형이 나온다. 이때 겹치는 선은 모두 제거한다.

162 C

C는 나머지 도형의 거울상이다.

163 F

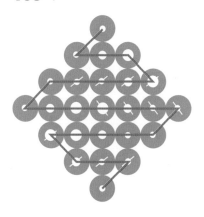

그림 순서대로 작은 원 둘, 중간 원, 큰 원, 큰 행성, 중간 행성, 작은 행성 둘이 반복된다.

164 B

각 가로줄과 세로줄에서 왼쪽 또는 위쪽부터 두 그림을 결합하면 마지막 그림이 나온다. 이때 색, 모양, 위치가 모두 겹치는 도형은 다른 색으로 바뀌고, 이 중 하나라도 겹치지 않는 도형은 모두 제거한다.

165

166 636

문제의 수는 자연수와 제곱수를 함께 적은 것이다. 1과 $1^2 \rightarrow 11$, 2와 $2^2 \rightarrow 24$

가 되는 식이다. 따라서 다음 순서에는
6과 6^2→636이 나와야 한다.

167 B

168

총합 100

18	6	4	30	47	29
45	30	6	18	17	2
1	21	1	42	23	5
3	28	7	17	1	6
44	4	32	43	30	40

총합 18

6	2	3	4	4	3
3	5	5	2	6	2
5	3	1	3	5	0
2	4	5	3	0	5
3	3	4	6	6	5

169

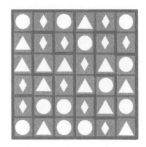

170 47개

171 C

아래쪽에 인접한 두 원을 결합해 위쪽
원을 만든다. 결합할 때 겹치는 부분은
모두 제거한다.

172 C

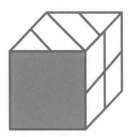

173 E

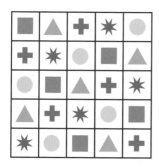

174 7

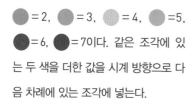 =4, ✏=5, ✏=6, ✏=8이다.
왼쪽 변과 밑변을 더한 값에서 오른쪽
변을 빼 삼각형 가운데에 넣는다.

175 B

176 11

●=2, ●=3, ●=4, ●=5,
●=6, ●=7이다. 같은 조각에 있
는 두 색을 더한 값을 시계 방향으로 다
음 차례에 있는 조각에 넣는다.

177 105

■=4, ■=5, ■=6, ■=7이다.

178 15가지

179  =8, ▷=9

180 149

각 색의 영어 명칭에서 알파벳을 순서
에 따라 숫자로 바꾼 뒤 모두 더한다.
예를 들어 빨간색(red)은 18+5+4=27
이 된다. 도형은 빼야 하는 숫자를 나
타낸다. 웃는 얼굴은 −20, 하트는 −15,
금지 표시는 −10, 태양은 −5이다. 각
가로줄의 색을 모두 더한 뒤, 도형이 나
타내는 숫자를 빼면 오른쪽 숫자가 나
온다.

181 B

182 34

= 3, = 4, = 5, = 7이다.

183 F

맨 윗줄부터 왼쪽에서 오른쪽으로 , , , , , , 이 반복된다. 단, 모든 순서가 끝나고 새로 시작할 때마다 처음 의 위치가 바뀌며, 이어지는 다른 색들도 위아래가 바뀐다.

184 E

= 5, = 18, = 20, = 23 이다.

185 6

= 1, = 3, = 4, = 5, = 6, = 9이다. 조각에 있는 두 색을 더한 값을 마주 보는 조각 안쪽에 넣는다.

186

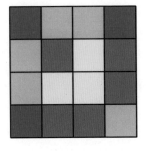

맨 왼쪽 아래부터 맨 오른쪽 위를 향해 지그재그로 갈색, 주황색, 노란색, 갈색, 파란색, 초록색이 반복된다.

187 F

188 **A, D, F**

189 **24**

=4, =5, =7, =8이다.

190 **줄 B**

줄 A에는 영어 명칭에 알파벳 e가 포함되지 않은 색이 나열되어 있고, 줄 B에는 알파벳 e가 포함된 색이 나열되어 있다. 흰색(white)에 e가 포함되어 있으므로 줄 B에 배치해야 한다.

191

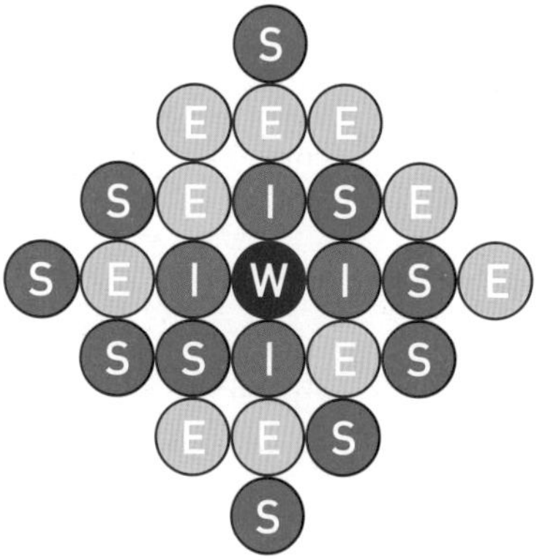

192 **90**

=12, =17, =25, =36이다.

193 **A**

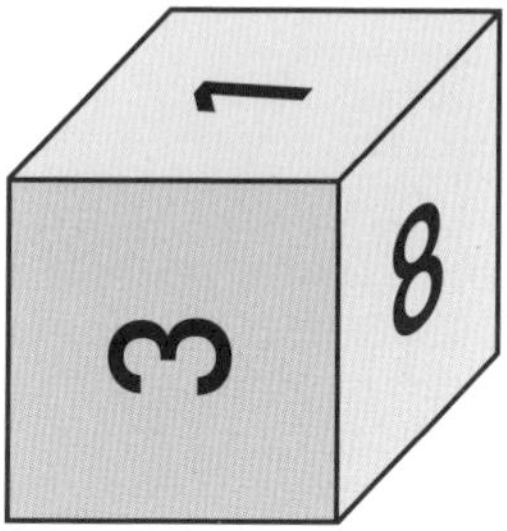

194 **B**

아래 그림의 선을 따라 오른쪽, 왼쪽, 위, 위, 아래, 왼쪽이 반복된다.

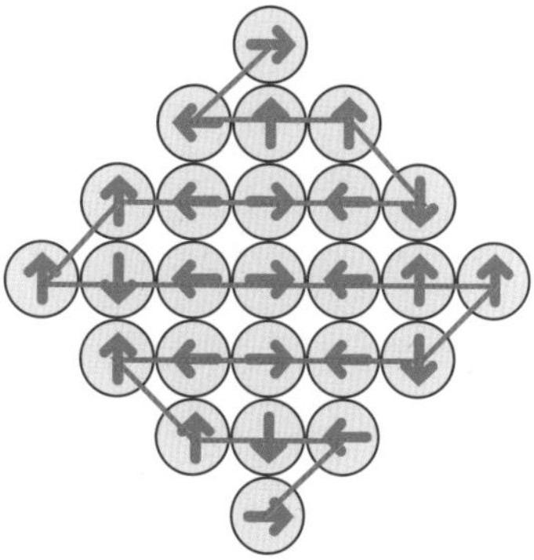

195

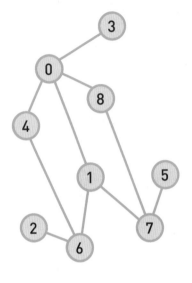

196 B

1R	3D	1R	4D	5D	1L
2D	3R	1R	2D	4L	4L
F	1R	2U	2L	4L	2U
1D	4R	2D	1U	2L	2D
5R	1D	1L	1R	1U	2U
5U	2R	1U	3L	3U	4U

197

16	34	11
21	口	14
63	55	23

3	6	4
7	口	12
5	9	2

위 박스는 칸의 각 자릿수를 더한 값만큼 시계 방향으로 이동한다. 예를 들어 16은 7(1+6)칸만큼 시계 방향으로 이동한다.

아래 박스는 칸의 숫자에 1을 더한 값만큼 시계 방향으로 이동한다.

30	39	48	1	10	19	28
38	47	7	9	18	27	29
46	6	8	17	26	35	37
5	14	16	25	34	36	45
13	15	24	33	42	44	4
21	23	32	41	43	3	12
22	31	40	49	2	11	20

199 **25**

조건에 맞는 짝수는 왼쪽부터 4, 8, 4,
8, 2로 총 5개이므로 5×5=25이다.

200 **첫 번째 소년: 5센트 동전 16개**

두 번째 소년: 10센트 동전 11개

세 번째 소년: 50센트 동전 7개

멘사퍼즐 로직게임
IQ148을 위한

1판 1쇄 펴낸 날 2023년 4월 10일

지은이 브리티시 멘사
주간 안채원
책임편집 윤성하
외부 디자인 이가영
편집 윤대호, 채선희, 장서진
디자인 김수인, 김현주, 이예은
마케팅 함정윤, 김희진

펴낸이 박윤태
펴낸곳 보누스
등록 2001년 8월 17일 제313-2002-179호
주소 서울시 마포구 동교로12안길 31 보누스 4층
전화 02-333-3114
팩스 02-3143-3254
이메일 bonus@bonusbook.co.kr

ISBN 978-89-6494-575-9 04410

• 책값은 뒤표지에 있습니다.

멘사 논리 퍼즐

필립 카터 외 지음 | 250면

멘사 문제해결력 퍼즐

존 브렘너 지음 | 272면

멘사 사고력 퍼즐

켄 러셀 외 지음 | 240면

멘사 사고력 퍼즐 프리미어

존 브렘너 외 지음 | 228면

멘사 수학 퍼즐

해럴드 게일 지음 | 272면

멘사 수학 퍼즐 디스커버리

데이브 채턴 외 지음 | 224면

멘사 수학 퍼즐 프리미어

피터 그라바추크 지음 | 288면

멘사 시각 퍼즐

존 브렘너 외 지음 | 248면

멘사 아이큐 테스트

해럴드 게일 외 지음 | 260면

멘사 아이큐 테스트 실전편

조세핀 풀턴 지음 | 344면

멘사 추리 퍼즐 1

데이브 채턴 외 지음 | 212면

멘사 추리 퍼즐 2

폴 슬론 외 지음 | 244면

멘사 추리 퍼즐 3

폴 슬론 외 지음 | 212면

멘사 추리 퍼즐 4

폴 슬론 외 지음 | 212면

멘사 탐구력 퍼즐

로버트 앨런 지음 | 252면

멘사퍼즐 논리게임

브리티시 멘사 지음 | 248면

멘사퍼즐 사고력게임

팀 데도풀로스 지음 | 248면

멘사퍼즐 아이큐게임

개러스 무어 지음 | 248면

멘사퍼즐 추론게임

그레이엄 존스 지음 | 248면

멘사퍼즐 두뇌게임

존 브렘너 지음 | 200면

멘사퍼즐 수학게임

로버트 앨런 지음 | 200면

멘사퍼즐 숫자게임

브리티시 멘사 지음 | 256면

멘사퍼즐 로직게임

브리티시 멘사 지음 | 256면

멘사코리아 사고력 트레이닝

멘사코리아 퍼즐위원회 지음 | 244면

멘사코리아 수학 트레이닝

멘사코리아 퍼즐위원회 지음 | 240면

멘사코리아 논리 트레이닝

멘사코리아 퍼즐위원회 지음 | 240면

멘사 지식 퀴즈 1000

브리티시 멘사 지음 | 464면